寒窑赋

云岫 编

北方妇女儿童出版社
长春·

版权所有　侵权必究

图书在版编目（CIP）数据

寒窑赋 / 云岫编 . -- 长春 : 北方妇女儿童出版社，2025. 8. -- ISBN 978-7-5585-9647-6

Ⅰ . I264.41

中国国家版本馆 CIP 数据核字第 2025NX3118 号

寒窑赋

HAN YAO FU

出 版 人	师晓晖
责任编辑	王丹丹
装帧设计	刘一手
开　　本	880mm × 1230mm　1/32
印　　张	4
字　　数	110 千字
版　　次	2025 年 8 月第 1 版
印　　次	2025 年 8 月第 1 次印刷
印　　刷	三河市南阳印刷有限公司
出　　版	北方妇女儿童出版社
发　　行	北方妇女儿童出版社
地　　址	长春市福祉大路 5788 号
电　　话	总编办：0431-81629600
定　　价	39.80 元

前言

　　《寒窑赋》相传为北宋名相吕蒙正所作，这篇文虽短小精悍，却穿越千年岁月，至今仍在世间流传，被后人奉为洞察人生的宝典。

　　吕蒙正的一生颇具传奇色彩。他出身贫寒，曾栖身寒窑，历经世间冷暖；后来科举夺魁，三登相位，见过朝堂的波谲云诡，也饱经人生的起起落落。正是这般从尘埃到云端的经历，让他对命运、世事有着远超常人的通透感悟。他将半生体悟凝于笔端，写下这篇《寒窑赋》，字里行间皆是对人生百态的深刻洞察。

　　这篇文章能被誉为"千古奇文"，绝非浪得虚名。它没有堆砌华丽的辞藻，却字字珠玑，句句扎心。文中写尽了时运流转的无奈，也道破了世事无常的真相；既劝人在困厄中坚守本心，又警示人在顺境中保持清醒。读它，如同与一位历经沧桑的老者对谈，能让人在迷茫时看清方向，在浮躁时沉淀内心，在失意时重拾勇气。无论你是身处顺境的得意者，还是困于低谷的迷茫者，都能从中找到共鸣，读懂人生在起伏中坚守的意义。

正因《寒窑赋》蕴含着如此深厚的智慧，我们精选其中精华，编撰了这本解读之作。书中以"见命运""见世事""见心性""见善恶""见通透"为脉络，将原文的深刻哲思拆解开来，结合现实人生加以阐释。我们希望通过这样的解读，帮助读者跨越古今语言的隔阂，更轻松地领悟文中的人生智慧，让这篇千古奇文真正走进生活，为每个人的人生之路点亮一盏明灯。

翻开这本书，愿你能在字里行间读懂命运的无常，看透世事的规律，守住内心的方寸，最终寻得安身立命的通透与从容。

第一章
见命运：时运左右人生起伏

1. 英才未显的状态 …… 002
2. 君子失势的无奈 …… 008
3. 时运对万物的影响 …… 015
4. 人生顺逆系于时运 …… 021

第二章
见世事：无常中藏着轨迹

1. 祸福难料的常态 …… 029
2. 强弱未必定胜负 …… 035
3. 贫富寿夭皆流转 …… 041
4. 圣贤亦难逃困厄 …… 048

第三章
见心性：困厄中的自处之道

1. 贫富转换的普遍真理 …… 056

2.不遇时的坚守 ………………………………………… 062

3.诚信带来的希望 ……………………………………… 069

第四章

见善恶：品性决定长远格局

1.君子品格的坚守 ……………………………………… 077

2.莫以当下论未来 ……………………………………… 083

3.贫而有品的君子 ……………………………………… 090

第五章

见通透：安身立命的终极智慧

1.等待时机的智慧 ……………………………………… 098

2.命运流转的觉悟 ……………………………………… 104

3.富贵时的节制 ………………………………………… 110

4.贫贱时的自尊 ………………………………………… 116

第一章
见命运：时运左右人生起伏

天地轮转，时运如潮。纵有经天纬地之才，未遇东风便可能困于泥途；纵怀济世安民之志，不逢良机亦难免屈身陋巷。本章揭开命运的帷幕，看英才蛰伏时的隐忍，君子失势后的挣扎，看草木随四季枯荣，江河因地势改道。原来人生起落从非全由人力，时运这双无形之手，既能将英雄推上云端，亦能将豪杰拽入尘埃。读懂此间玄机，便知顺逆皆有定数，兴衰暗藏契机。

1. 英才未显的状态

天地回响

> 山涧里一块不起眼的顽石,剖开后却藏着温润的玉质;田埂边一株匍匐的藤蔓,某日竟攀着高树结出了累累硕果。大自然从不会把珍贵之物轻易摆在明处,却总在不起眼儿的寻常事物中,藏着蓄势待发的生机。就像老话说的"藏器于身,待时而动",世间真正的才俊在未被识得之前,往往混在芸芸众生里,不露锋芒——这正是"蛟龙未遇"时,不得不与"鱼鳖"共处的光景。

史海泛舟

淮阴街头的隐忍

秦末的淮阴城,一条热闹的街巷里,常有一个身材高大的青年佩剑而行。他叫韩信,空有一身武艺与兵略,却连糊口都成问题,只能靠漂母施舍的饭食度日,遭人白眼更是常有之事。

一日,一个屠户拦住了他的去路,叉着腰笑道:"你虽

第一章
见命运：时运左右人生起伏

长得高大，还佩着剑，但心里头其实怕得很吧？"见韩信不语，屠户又挑衅道，"你要是有种，就拔剑刺我；要是没种，就从我的胯下钻过去！"

周围的人都围拢过来，等着看韩信的笑话。韩信盯着屠户看了许久，缓缓低下身，从他的胯下爬了过去。满街的人都嘲笑韩信怯懦，他却拍了拍身上的尘土，默默走开——他心里清楚，一时的意气之争只会毁掉未来。

> 你要是有种，就拔剑刺我；要是没种，就从我的胯下钻过去！

后来韩信投到刘邦麾下，经萧何举荐拜为大将，暗度陈仓、背水一战，助刘邦平定天下，成了彪炳史册的"兵仙"。回望淮阴街头的那一幕，才知那不是怯懦，而是蛟龙未腾时的隐忍。

古籍拆解

未显之理：潜龙在渊的深意

《寒窑赋》中"蛟龙未遇，潜水于鱼鳖之间"，一语道尽了英才未显时的处境。蛟龙本是能腾云驾雾、翻江倒海的神物，可在未遇风云之际，也只能蛰伏浅滩，与寻常鱼鳖共处。这不是龙的无能，而是时运未到前的必然。

古人早看透了这层道理。姜太公未遇周文王时，在渭水之滨垂钓，七十岁仍为渔翁；百里奚未遇秦穆公时，为市井奴隶，牵着牛唱着歌讨生活。他们就像那潜水的蛟龙，看似与鱼鳖无异，实则身怀异禀，只是时机未到，不能显露真身。

鱼鳖安于浅滩，蛟龙却志在四海。两者同处一水，心性与格局却截然不同。就像韩信，钻过屠夫胯下时与市井无赖看似没什么分别，可他心中装的是兵戈铁马、天下格局。这种"同处"是暂时的，因为蛟龙终有离水腾云的一日，而鱼鳖永远困于浅滩。这句话不是要让人安于平庸，而是提醒世人：英才未显时的蛰伏，不是沉沦，而是等待风起的蓄力。

自然启示

在应该蛰伏时，你多少次因"妄动"而造成损耗？

是不是曾因一时不得志，便急着与人争高下，反倒暴露了自身的浅薄（违背潜龙蓄力之道）？

是不是曾为证明自己，勉强去做力所不及的事，结果弄巧成拙（违背时机成熟之理）？

是不是见他人投机取巧得势，便动摇了深耕的决心，转而随波逐流（违背本心坚守之要）？

第一章
见命运：时运左右人生起伏

> ……
> 当我们不甘于"潜水鱼鳖之间"，而是急于证明自己，就像未长成的笋芽硬要冲破冻土，只会被寒风摧折。那些"怀才不遇"的愤懑，那些"明珠暗投"的委屈，往往不是时运不公，而是不甘蛰伏，忘了蛟龙在渊时，本就该默默积蓄翻江倒海的力量。

处世心法

潜龙在渊：未显之时的安身之道

1. 学会"安于潜"

接受暂时的平凡就像蛟龙安于浅滩。不必因周遭的轻视而自惭，也不必因处境的困顿而自弃。韩信能受胯下之辱，正是明白此时的争辩毫无意义，不如把精力用在正确的地方。安于潜，不是认命，而是看清时势后的清醒。

2. 懂得"蓄力于潜"

在未显之时打磨自己，就像璞玉在石中涵养光华。姜太公在渭水垂钓十年，看似闲散，实则一直在观察天下大势、推演治国之策。把他人的嘲笑当作砥砺，把暂时的困顿当作磨练，让每一份经历都成为日后腾飞的底气。

3. 明于"别于潜"

即便与"鱼鳖"共处，也要守住蛟龙的志向。不随波逐流，不与凡俗同沉，在平凡中保持清醒的自我认知。就像百里奚身为奴隶，仍不忘钻研治国之道，这份"藏器于身"的坚守才是区别于凡俗的关键。

思辨问答

潜龙在渊的智慧需要在隐忍中体会，下面这些问答能帮你在未显时守住本心。

1 问：如何区分"暂时未显"与"永远平庸"？
答：暂时未显者，心中有方向，行事有根基，只是未遇时机；永远平庸者，要么无真才实学，要么缺乏坚持之力，即便时机到来也抓不住。前者如深潜的蛟龙，后者如浅游的鱼鳖，本质早已不同。

2 问：未显之时，该不该向人展露才能？
答：展露当如"潜龙勿用"——不是不展露，而是不轻易展露。在无关紧要的场合炫耀，只会消耗精力；在伯乐面前藏拙，又会错失机会。关键是看清对象与时机，韩信向萧何展露才能，便选对了人。

3 问：长期未显，如何避免被环境同化？
答：要在心中立一根"定海神针"——明确自己的志向与底线。就像韩信虽寄人篱下，却从未放弃对兵法的钻研；姜太公虽垂钓江滨，却始终关注天下局势。守住这根"针"，便不会在与"鱼鳖"共处时，忘了自己是蛟龙。

第一章
见命运：时运左右人生起伏

4
问：他人嘲笑"未显"的自己，该如何回应？
答：最好的回应是行动。韩信没有与屠户争辩，却用后来的功业证明了自己；姜子牙没有向路人解释，却用治国安邦的实绩回应了质疑。言语无法改变他人的偏见，唯有实力能让轻视者闭嘴。

智慧寄语

　　天地的智慧不是让英才永远蛰伏，而是教他们在未显时学会沉潜。就像雷鸣前必有静默，花开前必有孕育，在绽放前，英才的光芒总要经历一段平凡的时光。懂得在"潜水鱼鳖之间"时守住初心、积蓄力量，不焦躁、不盲从，才能在风云来时，顺势腾跃，让曾经的"鱼鳖"仰望——这便是"蛟龙未遇"的深意，也是时运给予耐心者的最好馈赠。

2. 君子失势的无奈

天地回响

巨松遭遇狂风，纵有千年根基，也难免弯腰折枝；雄鹰折了羽翼，纵有凌云之志，也只能敛翅于矮檐。世间的刚直与清明往往敌不过时运的骤变，就像老辈人常叹的"龙游浅水遭虾戏"，这不是对君子的轻贱，而是对命运无常的喟叹——当时代的风向逆转，即便是品格卓绝者，也可能在骤雨般的变故中，暂失昂首的之态，不得不与宵小之辈共处，这份隐忍里的沉重正是时运弄人的真实写照。

史海泛舟

乌台诗案里的低头

北宋神宗年间，苏轼因在诗文中"讥刺朝政"，卷入"乌台诗案"。昔日在朝堂上直言进谏、与王安石等变法派据理力争的"苏学士"，一夜之间成了阶下囚，连性命都系于一线。

第一章
见命运：时运左右人生起伏

审讯苏轼的是御史台里一群惯于罗织罪名的小人，其中有个叫李定的御史，曾因隐瞒母丧被苏轼弹劾，他借机报复，指着诗稿里的"明月几时有"大声道："此句暗藏对朝廷不满，意图谋反！"苏轼忍着屈辱，逐条解释诗句原意，可对方根本不听，只逼他承认"大不敬"之罪。

狱卒见苏轼是重罪囚犯，动辄呵斥辱骂，连御寒的被褥都被克扣了。曾经与苏轼诗词唱和的同僚，大多避之不及；而那些平日里阿谀奉承的小人，却在一旁煽风点火，等着看他身败名裂。

后来，因太后求情，苏轼免于一死，被贬为黄州团练副使。赴任那天，李定等人还特意赶来"送行"，言语间满是嘲讽。苏轼坐在马车上经过他们身边时，只是微微颔首，没有一句辩解。马车驶离汴京时，他望着车窗外的尘土，低声吟道："人生到处知何似，应似飞鸿踏雪泥。"那份无奈不是怯懦，而是时运不济时的隐忍。

失势之理：时运下的错位

《寒窑赋》中"君子失时，拱手于小人之下"一句，道尽了时运对人生的颠覆之力。"君子"是兼具品格与才华之人，如松之坚、玉之润；"失时"是命运的低谷，如寒冬之酷、暗夜之沉；"拱手于小人之下"则是这种错位最刺眼的体现——不是君子的品格输给了小人，而是时运的天平暂时倾向了后者，让坚守原则者不得不暂避锋芒，让投机钻营者得以嚣张一时。

古人早尝过这份无奈。屈原忠而被谤，流放沅湘，眼睁睁地看着奸佞当道，只能"上下而求索"；岳飞精忠报国，却被秦桧以"莫须有"的罪名陷害，最终"怒发冲冠"空悲切。他们的"拱手"不是认输，而是在时运的巨轮下，个体力量的有限与悲凉。

这句话的沉痛正在于它揭开了"时运高于德行"的残酷一面。君子的操守，在顺境时是光芒，在逆境时却可能成为被攻击的靶子；小人的伎俩，在平时是笑柄，在君子"失时"之际却可能成为压垮骆驼的最后一根稻草。它不是要否定君子的价值，而是提醒世人：在命运的浪潮里，没有人能永远站在浪尖，即便是君子，也有不得不向现实低头的时刻。

第一章

见命运：时运左右人生起伏

自然启示

你的境遇里藏着多少"时运"的错位？

是不是曾因坚持原则，被善于钻营的同事排挤，看着他步步高升，而自己原地踏步（正直败给了投机）？

是不是自己才华横溢却无人赏识，反倒是夸夸其谈者得遇贵人（真才输给了虚饰）？

是不是明明自己提出了最佳方案，却因位卑言轻，不得不屈从于领导的错误决策（真知败给了权力）？

……

当我们遭遇这些"错位"，就像巨松遇风、雄鹰折翼，不是自身不够强大，而是时运的风向暂时逆转。那些感到无奈的时刻，往往不是因为能力不足，而是因为在特定的时空中，"对"与"错"，"优"与"劣"的评判标准被时运扭曲了。

处世心法

处晦之道：失时中的生存智慧

1. 藏"锋"：暂敛锋芒避祸端

像苏轼在狱中不与李定争执那样，他知道何时该沉默。君子"失时"，最忌硬碰硬，就像折翼的雄鹰不该与燕雀争短长，暂时收敛锋芒，是为了避免不必要的伤害，保存东山再起的力量。

2. 守"心"：不因困顿改初衷

即便身处小人之下，也不能丢了本心。苏轼被贬黄州，仍写诗明志、耕读自守，没有变成随波逐流的人。这份"守"是君子"失时"下最后的尊严，也是时运转好时最硬的底气。

3. 待"变"：相信时运有轮回

明白"失时"是暂时的，就像冬天再冷也会过去。屈原在流放中写下《离骚》，岳飞在困境中练兵备战，都是在等待时运的转机。这份"待"不是消极等待，而是在黑暗中保持对光明的信念。

思辨问答

"失时"无奈的智慧需要在困顿中慢慢悟透，下面这些问答能帮你在低谷中稳住心神。

1 问：君子向小人"拱手"，是不是懦弱？

答：不是。懦弱是放弃原则，"拱手"是暂时隐忍。苏轼向李定低头，没承认莫须有的罪名；岳飞入狱，没攀咬无辜之人。这份"忍"是为了守住更重要的东西——品格与底线，就像巨松弯腰，是为了不被狂风拦腰折断。

第一章
见命运：时运左右人生起伏

2 问：时运不公，为何君子还要坚守？

答：坚守不是为了取悦时运，而是为了对得起自己。屈原坚守，不是不知道会被流放，而是"虽九死其犹未悔"；苏轼坚守，不是不知道会被贬谪，而是"一蓑烟雨任平生"。君子的价值恰恰在"失时"下更显珍贵——就像暗夜的星光，虽然微弱，却能照亮人心。

3 问：小人得势能长久吗？

答：难。时运如潮水，小人得势就像潮水涨起时的泡沫，看似热闹，退潮后便会消失。李定之流，在历史上不过是跳梁之小丑；而苏轼的诗，却流传千年。君子的"失时"是暂时的蛰伏，小人的"得势"是暂时的喧嚣，时间终会分清谁是真金，谁是尘埃。

4 问：遭遇"失时"，该如何调整心态？

答：告诉自己"这是时运的考验，不是我的终点"。像苏轼那样，在黄州从"拣尽寒枝不肯栖"的孤寂，到"也无风雨也无晴"的通透，把无奈化为沉淀的养分。重要的不是抱怨"为何是我"，而是思考"此刻能做什么"——读书、修身、蓄能，为下一次时来运转做好准备。

智慧寄语

时运的浪潮从不会永远偏向一方，有君子低头的时刻，就有小人覆灭之时。真正的强大不是永远站在高处，

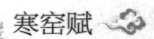

而是在低头时不丢骨气，在失势时不改初心。就像苏轼，"乌台诗案"的屈辱没能磨掉他的锋芒，黄州的困顿反倒成就了他的通透。懂得在时运的起伏中，既能昂首挺胸，也能暂时弯腰，便是看透了命运的本质——它或许会左右人生的脚步，却夺不走君子骨子里的光华。

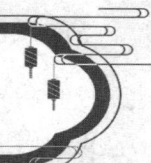

3. 时运对万物的影响

天地回响

你是否见过春日里突降的寒霜，让刚抽芽的柳枝一夜枯败？是否见过久旱后的甘霖，让干裂的土地瞬间冒出新绿？大自然从不会平铺直叙地告诉你什么是"时运"，却总在寒来暑往、晴雨交替中，悄悄写满关于时机的答案。就像农民常说的"误了农时，累死也白搭"，天地万物的荣枯兴衰，从来都绕不开"时运"二字。

赤壁火攻里隐藏的时运

建安十三年的冬天，长江北岸的曹军大寨连营百里，南岸的孙刘联军愁眉不展。周瑜站在江边，望着北岸的火光，手里攥着军令状——如果十日之内不能破曹，他便要被军法处置了。他定下火攻之计，却卡在最关键的一步：此时正值隆冬，刮的全是西北风，火攻会烧到自家船队。

"难道天要亡我？"周瑜急得口吐鲜血，卧床不起。诸葛亮闻讯前来探望,屏退左右后笑道:"都督勿忧,我能借三日东南风,助你破曹。"周瑜哪里肯信,只当是宽慰之语。

可到了决战当日,原本呼啸的西北风竟真的渐渐转向。五更时分,东南风骤起,周瑜立刻下令点燃火船。借

着风势,火船如离弦之箭冲向曹营,火借风威,风助火势,曹军水寨瞬间化为火海。战后,周瑜拉着诸葛亮追问:"先生真能呼风唤雨?"诸葛亮指着江面:"不是我能借风,是天地自有其时。冬至一阳生,此时风向本就会有短暂反转,只是常人未曾留意罢了。"

古籍拆解

时运之理:万物生长的时刻表

《寒窑赋》中"天不得时,日月无光;地不得时,草木不生;水不得时,风浪不平"短短三句,道尽了时运对天地万物的支配力。天若错过了运行的时机,日月便会失去光彩;

第一章
见命运：时运左右人生起伏

地若违背了时令的节奏，草木便无法茁壮成长；水若脱离了时节的规律，风浪便不会平息。

古人观天察地，早就发现万物都有自己的"时刻表"。春耕、夏耘、秋收、冬藏，不是人力可以强行改变的节奏。就像桃树要等惊蛰后才开花，菊花要到霜降时才绽放，若强行用温室催开，纵然一时娇艳，也失了自然的神韵。水的"时运"更妙，春日冰雪消融，江河自会上涨；秋日降水减少，湖海便会归静。就连赤壁之战的东南风，也是大自然遵循时节的微妙安排。

这三句话看似在说天地，实则在提醒世人：万物皆有其时，顺之则昌，逆之则亡。就像农夫不会在冬天播种，渔民不会在枯水期撒网，懂得等待时机、顺应时运，才是对天地规律最基本的敬畏。天地的运行有其恒定的节律，这种节律不会因个体的意志而改变，却会因个体对它顺应与否，而给出截然不同的结果。当我们违背时运，就如同逆水行舟，终将被时代的浪潮所裹挟，难以掌控自身的方向。

自然启示

你有多少次因"逆时"而被消耗？

是不是曾在行业下行期盲目扩张生意，结果资金链断裂（违背市场周期）？

是不是曾在情绪激动时做出重要决策，事后追悔莫

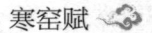

及（违背心智成熟时机）？

是不是曾看到他人获利，便跟风效仿，最终得不偿失（违背自身发展节奏）？

……

当我们无视"时运"的存在，妄图用蛮力对抗自然与社会的规律，就像在冬天强种庄稼，只会徒劳无功。那些看似努力却没有回报的时刻，往往不是因为能力不足，而是因为选错了时机，与时代的节拍错位。

处世心法

顺时而为：把握人生的节奏

1. 学会"观时"

在工作中，多关注行业趋势的变化，就像观察季节更替一样，捕捉市场的"春生夏长"。比如互联网风口的更迭、政策导向的转变，这些都是时代发出的信号。就像诸葛亮能借东风，是因为他早已摸清了季节交替的规律，我们摸清行业的"时运"，才能提前布局。

2. 懂得"待时"

当事业遇到瓶颈时，别急着硬闯，先沉淀自己。企业在经济寒冬时收缩战线、修炼内功，个人在低谷期积累知识和经验，等待市场回暖的"东风"。待时而动，不是消极等待，

第一章
见命运：时运左右人生起伏

而是为了在机会来临时拥有足够的力量抓住它。

3. 善于"乘时"

当机遇出现时，要果断行动。当你察觉到行业开启上升趋势，就要及时调整方向；当遇到赏识自己的贵人，就要勇敢展现才能，不犹豫、不拖延，才能让时运成为助力而非过客。

思辨问答

时运的智慧就像四季轮回，需要用心感受，下面这些问答，能帮你找到顺时的节奏。

1 问：在职场中，努力和时运哪个更重要？

答：努力是基础，就像种子需要扎根土壤，但时运是阳光雨露，没有合适的时机，再饱满的种子也难以破土。两者相辅相成，缺一不可，懂得在努力中等待时运，在时运来时付出努力，才是明智之举。

2 问：中年遭遇事业瓶颈，是时运不济还是能力不足？

答：可能是两者的结合。时运不济就像寒冬，万物生长受阻；但能力不足如同种子本身有缺陷，即便春天到来也难以茁壮成长。不妨先提升自己，同时观察外界变化，待时运转好时，才能迅速发展壮大。

3 问：如何区分顺时而为和随波逐流？

答：顺时而为是在认清规律的基础上主动选择，有自己

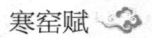

的目标和方向；随波逐流则是被动地被外界推着走，失去了自主判断。就像航海，顺时而为是顺着洋流驶向目的地，随波逐流是被洋流带向未知的远方。

4 问：错过了一个重要的机遇，该如何调整心态？

答：告诉自己：时运如同潮水，有涨就有落。这次错过，或许是为了让自己在下次浪潮来临时准备好。总结经验，保持警醒，下一个机遇可能就在不远处。重要的是不沉溺于懊悔，为下抓住一次机遇做好准备。

智慧寄语

天地的智慧从不是让我们被动等待，而是教我们学会观察、懂得顺应时运。就像月亮会有圆缺，潮水会有涨落，人生的起伏也自有其时。懂得在该蛰伏时积蓄力量，在该行动时顺势而为，便是掌握了时运的密码。在成年人的世界里，没有永远的一帆风顺，只有懂得与时运共舞的人才能在人生的航程中，既不被风浪吞没，又能借风远航。

4.人生顺逆系于时运

天地回响

春日的花再艳,过了花期也会凋零;秋日的叶虽枯,来年春风一吹仍会返青。天地间的生机本就循着"时"的节律起起落落,人这一生又何尝不是如此?有时候并非不够努力,只是脚步赶不上时代的节拍;有时候并非能力突飞猛进,只是恰好踩中了时运的鼓点。老话说"时来天地皆同力,运去英雄不自由",这不是消极的宿命论,而是历经世事后才懂的真实 —— 顺逆荣辱的背后,总藏着时运二字。

史海泛舟

寒窑中的时运之变

北宋初年的洛阳城外,一间破败的寒窑里,吕蒙正正对着一碗稀粥发愁。这位后来官至宰相的名臣,此时还是个连饭都吃不饱的穷书生。寒冬腊月,他裹着破棉絮读书,见富人家张灯结彩过年,自己却要靠乞讨度日,不禁感叹:"我空有满腹经纶，为何连温饱都难以维持？"

同乡劝他："不如放弃科举，学门手艺糊口。"吕蒙正却摇摇头说："我所学非无用，只是时机未到。"他依旧每日苦读，哪怕遭人白眼、受尽冷遇，也未曾动摇。直到太平兴国二年，他赴京应试，恰逢宋太宗求贤若渴，阅卷官见其文辞犀利、见解独到，当即荐为状元。

衣锦还乡时，当年欺辱过吕蒙正的人纷纷躲避，吕蒙正却淡然一笑："当年你们待我，非因我无能；今日敬我，非因我突然高明，不过是时运流转罢了。"后来他写下《寒窑赋》，字字皆从亲身经历而来，道尽时运对人生的左右。

古籍拆解

时运之理：人生通达的密钥

《寒窑赋》中"人不得时，利运不通"八字，道尽了时运对人生的支配力。前文"天不得时，日月无光；地不得时，

第一章
见命运：时运左右人生起伏

草木不生；水不得时，风浪不平"已言明天地水皆受时运约束，人亦是如此——如果时机未到，纵有经天纬地之才，也难展抱负；若境遇不顺，纵有焚膏继晷之力，也难遂心愿。

古人早看透这层道理。姜子牙未遇周文王时，在渭水之滨垂钓，七十岁仍默默无闻；百里奚未遇秦穆公时，沦为市井奴隶，空有治国之能却无处施展。这便是"不得时"的困境：并非无才，而是才遇不到识才的眼；并非不勤，而是勤赶不上应勤的点。就像好雨落在旱田是甘霖，落在涝田反成灾，人的才能与努力也须与时机相契方能见效。

"利运不通"并非指永远困顿，而是提醒世人：人生如行船，顺流还是逆流自有定数。顺时则帆张桨利，逆时则舟滞楫沉。懂得"不得时"是常态，才能在困顿中不妄自菲薄；明白时运流转是规律，方能在蛰伏中积蓄力量。时运从不会永远偏袒谁，却会给懂得等待与做好准备的人留一扇虚掩的门。

自然启示

你的多少辛勤付出因身处"逆势"而成为徒劳？

是不是曾在行业寒冬里反复跳槽，想靠频繁变动摆脱困境，结果越跳越迷茫（违背趋势）？

是不是曾在他人的质疑声中强行推进计划，耗尽心力却收效甚微，只因时机尚未成熟（违背合力之运）？

是不是曾模仿他人的成功路径，却因自身条件与环

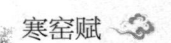

境不符,落得东施效颦(违背自身时运)?

……

当我们无视时运的节奏,妄图以人力强逆大势,就像在枯水期强撑船帆,只会白费力气。那些看似怀才不遇的失落,那些努力无果的沮丧,往往不是能力不足,而是脚步踩错了时代的鼓点。

处世心法

与时同行:在顺境和逆境中安身立命

1. 学会"察时"

在人生低谷时,多看看周遭的风向。就像登山遇雾要停步,而非盲目攀爬,观察行业的周期、人际的氛围、自身的状态,判断此刻是该蓄力还是该转向。吕蒙正在寒窑中不急于求成,正是看清了"未遇其时"的现实。

2. 懂得"耐时"

当机遇未现时,别急着怨天尤人。就像松柏在寒冬里积蓄养分,而非枯萎凋零,把"不得时"当作沉淀期:补短板、练内功、拓眼界。耐得住寂寞,才能在时来运转时,有足够的能力接住机会。

3. 善于"应时"

当时运转机出现时,要果断抓住。就像久旱逢雨时,农人立刻引水灌田,而非坐等雨停。无论是职场的晋升窗口,还是生活的转折契机,看清了就要行动,不犹豫、不迟疑,才能让时运成为破局的助力。

思辨问答

时运如潮水,涨落间藏着人生智慧。下面这些问答能帮你在顺境和逆境中找到支点。

1 问:"不得时"的时候,坚持还有意义吗?

答:坚持的意义不在即时回报,而在为"得时"做准备。就像种子在地下默默扎根,并非徒劳,而是等待春雨。放弃可能错失转机,坚持却能保留希望,区别在于:是盲目蛮干,还是清醒坚守。

2 问:如何区分时运不济和能力不足?

答:时运不济是"做对了却没结果",能力不足是"做错了而没结果"。前者如孔明北伐遇连绵阴雨,后者如赵括纸上谈兵致兵败。反思时若发现方向正确却受阻,多是时运不济;若方法错漏百出,便要补能力。

3 问:信时运,会不会让人变得消极?

答:真正懂时运的人不会消极等待,而会主动顺应。就像渔民懂得"潮来打鱼,潮退补网",既尊重规律,又积极作为。消极是放弃主观努力,顺时是在规律中寻找可为空间,

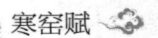

二者天差地别。

4 问：时来运转后，还需要警惕什么？

答：警惕"恃运而骄"。时运如春风，能助万物生长，却也可能带来狂风。顺境时更要清醒，明白"运去金成铁"的道理，在巅峰时修德积福，才能让好运延续得更久。

智慧寄语

人生的智慧不是与命运硬刚，而是懂得在逆时蛰伏、顺时前行。就像草木有枯荣，花开花落皆有时，人生的起伏也自有定数。不必因一时困顿而绝望，也不要因一时顺遂而轻狂。看清时运的节奏，在该沉潜时扎根，在该绽放时舒展，便是与命运最好的相处方式。成年人的成熟不在于掌控时运，而在于无论时运如何，都能守住内心的定盘星，在潮起潮落中稳步向前。

章末结语

　　本章描绘了许多时运弄人的图景：有才华横溢者困于陋巷，空有抱负却无处施展；有品行高洁者遭逢厄运，纵坚守本心仍难敌世事无常。候鸟随冷暖迁徙，山石经风雨磨蚀，人生亦然。时运似难测的浪既能托孤舟渡向彼岸，也能掀巨轮沉入深渊。但这并非要让人屈从宿命，而是让人看清：人生起落从非单一因素造就除了天赋与努力之外，时机与境遇同样关键。读懂时运的力量不是消极等待，而是在顺境中居安思危，在逆境中积蓄力量，明白何时该奋力前行，何时该静待转机。

第二章
见世事：无常中藏着轨迹

　　世事如棋局，落子无定数。昨日座上宾，今日阶下囚；昔日蓬户翁，今朝朱门客。祸福相倚从非虚言，强弱转换常在转瞬之间。本章剖开世事的表象，看富者骤贫的仓皇，贫者暴富的迷乱，看才高八斗者沉沦，资质平庸者青云。无常之中自有轨迹，看懂了荣辱交替的逻辑，便摸到了世事运行的脉搏。

1. 祸福难料的常态

天地回响

春日的晴光里，檐下的蛛网刚粘满晨露，一阵风过便撕裂如碎锦；秋夜的月色下，田埂的蚂蚱正振翅欢跳，一场霜来就僵卧成季节的句号。大自然从不会对祸福进行预告，却在寻常物事的骤变里藏着世事轮转的轨迹。就像老辈人常说的"晴带雨伞，饱带饥粮"，不是要咒人遇祸，而是深知风不常顺、月不常圆——福与祸本就像昼夜交替，来了又去，从无定数。

史海泛舟

淝水岸边的祸福瞬变

东晋太元八年，寿阳城外的淝水两岸，一边是前秦苻坚的几十万大军，旌旗遮天蔽日；一边是东晋谢安的八万兵马，营垒简陋却整肃。苻坚站在寿阳城头，望着对岸稀疏的晋军，捋须笑道："此辈如草木，我军踏过江去，如履平地。"他自恃兵多将广，早已认定胜券在握，连受降的营帐都备好了。

可在决战那日，怪事接二连三。先是苻坚远望晋军阵脚齐整，竟把八公山上的草木都看成了伏兵，心里先怯了三分。接着，晋军提出让秦军稍退，好腾出地方决战。苻坚想趁晋军半渡时突袭，于是欣然应允，却没料到军中多是强征来的各族士兵，本就不愿卖命，一退之下，秦军阵脚大乱。

更要命的是，前秦大将朱序突然在阵中大喊："秦军败了！"这一声喊如惊雷落地，大军顿时溃不成军。苻坚策马狂奔，身中流矢，逃到淮北时回望，百万雄师只剩十之一二。他曾以为唾手可得的天下，转瞬间成了泡影；本以为的"福"，竟成了灭顶之灾。

古籍拆解

无常之理：祸福相倚的定数

《寒窑赋》中"天有不测风云，人有旦夕祸福"两句，道尽了世事无常的本质。天空不会预告何时起风云，人生也难料旦夕间的祸福转换。前者说自然的变数，后者喻人世的无常，两者合在一起，便是在告诉世人：没有永恒的顺境，

第二章
见世事：无常中藏着轨迹

也没有不变的逆境，福与祸交替轮转，本就是世间寻常。

古人早就看透了祸福循环。春秋时的范蠡助勾践灭吴后声名赫赫，却知"飞鸟尽，良弓藏"，携西施泛舟五湖，避开了像文种一样被杀的祸事，将功成名就的"福"变成了全身而退的"安"。汉初的韩信从胯下之辱到封王拜将，福运亨通时不知收敛，最终落得未央宫被杀的结局，让巅峰的"福"成了致命的"祸"。

这"不测"与"旦夕"并非说祸福毫无缘由，而是指它们的降临往往不按常理出牌。就像夏天的雷阵雨，前一刻还烈日炎炎，下一刻便暴雨倾盆，看似突然，实则是大气运行到某个节点的必然。祸福也是如此，看似突如其来，实则藏着过往的因由与当下的契机。这句话不是要让人畏惧无常，而是提醒世人：身处福中时别忘防祸事，遭遇祸事时莫要失志，因为转圜之机，或许就在下一个旦夕之间。

自然启示

你经历了多少因"执于祸福"而失控的时刻？

是不是曾因一时升迁就得意忘形，忽略了潜藏的危机，最终摔得更重（被"福"冲昏头脑）？

是不是曾因一次失败就全盘否定自己，错过了从挫折中学习的可能（被"祸"困住脚步）？

是不是总盼着一直顺利，稍有不顺便怨天尤人，忘了世事本就有起有伏（执着于恒常）？

……

当我们强求永远有福、永不遇祸，就像盼望天空永远晴朗无云，本就违背了自然的规律。那些因祸福骤变而手足无措的时刻，往往不是因为变故太突然，而是因为我们太执着于某一种状态，忘了"不测"才是常态，"转换"才是常理。

处世心法

安于无常：在祸福中稳住方寸

1. 学会"观祸福"

看清祸福的双面性就像看待一枚铜钱的正反。升职是福，但若因此骄纵，便藏着祸；失业是祸，但若因此反思、转行，或许能找到更适合自己的路。范蠡能全身而退，正是看清了"福中藏祸"的道理，没有被一时的风光迷惑。

2. 懂得"顺流转"

遭遇变故时不硬抗，就像江河遇弯则转。韩信若在被贬后收敛锋芒，或许能躲过杀身之祸；谢安面对捷报时的从容，恰是懂得"福来不喜过望"的智慧。"顺流转"不是随波逐流，而是在变化中找到新的平衡，让祸事的冲击力减弱，让福运的滋养更长久。

3. 善于"积定力"

在平淡时培养内心的定盘星,就像船要先夯固龙骨才能经住风浪。无论祸福如何交替,都要守住自己的节奏与底线:得意时不骄,失意时不馁,始终按自己的步调前行。这种定力才是应对无常的终极铠甲。

思辨问答

无常的智慧需要在祸福交替中领悟,下面这些问答能帮你在人生的起伏中保持清醒。

1 问:既然祸福难料,人还能掌控自己的人生吗?
答:能。祸福的降临或许难料,但应对祸福的心态与行动却由自己掌控。就像面对暴雨,有人慌乱奔跑被淋湿,有人从容撑伞避雨,有人甚至借机洗去尘埃——境遇相同,选择不同,结果便不同。

2 问:如何在顺境中预防潜在的祸患?
答:要像农夫在丰收时储粮防荒。顺境时多留几分警醒,看清楚"福"的根基是否稳固:事业顺利时,想想是否依赖了不可持续的资源;人缘好时,想想是否掺杂了太多利益往来。提前修补可能的漏洞,才是长久持福之道。

3 问:"祸兮福所倚"是自我安慰吗?
答:不全是。若只在祸中空谈"福将到",便是自欺;但若能在祸中积蓄力量、总结教训,那福的到来就会成为必然。就像种子落在石缝里是祸，可它若能扎根、吸收营养，终能顶开石头长成大树，这时的福正是从祸中生出的。

4

问：总担心"福尽祸来"，会活得很累，该怎么办？

答：把"担心"换成"准备"。与其焦虑福运何时结束，不如在顺境时多做些有长远意义的事：读书、修行、帮人，这些事不会因祸福转换而失去价值，反而能成为穿越无常的底气。心有依托，便不会被祸福的表象牵着走。

智慧寄语

就像江船总要过险滩，山道难免遇陡坡，福来时当惜，祸来时当扛，不必追问"为何是我"，只须想"如何应对"。风大时收帆，雨停时启航，在每一次转弯处调整方向，在每一次起伏中稳住心神——这不是向命运低头，而是在认清世事本相后，依然保有前行的勇气。毕竟能在祸福轮转中走得远的，从来不是祈求"永远平顺"的人，而是能在晴时补网、雨时撑船的人。

2.强弱未必定胜负

犀牛在泥沼里寸步难行,庞然身躯反成累赘,不及小蜱虫附骨吸髓的轻巧;雄鹰在低空盘旋,长空翱翔的双翼,竟不如檐下麻雀闪转腾挪灵活。大自然从不用肢足多寡论快慢,也不以羽翼长短定高下,却总在生存的细微处,藏着"多不如专""大不如巧"的深意。就像老话说的"好汉架不住人多,猛虎也怕群狼",世间的强与弱从不是刻在表面的标签,有时看似占尽优势的,反倒会被看似平庸的比下去——这便是强弱的反转。

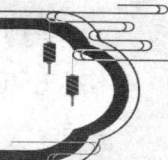

巨鹿城下的强弱易位

秦末乱世,巨鹿城内困着赵王歇的残兵,城外则围着章邯率领的四十万秦军。消息传到楚怀王帐中,众将都面露难色——秦军锐不可当,此前派去的援军要么观望,要么溃败,谁也不愿去啃这块硬骨头。

这时,项羽站了出来。他刚接过叔父项梁的兵权,麾下不过五万兵马,而且多是江东子弟。论装备、论人数,楚军都远不及秦军。他率领楚军渡过漳河,竟下令凿沉船只、砸破炊具,只带三日口粮,对着将士们喊道:"今日要么胜,要么死,再无退路!"

秦军将士见了,无不嗤笑:"这是自寻死路!"章邯更是稳坐中军帐,等着楚军粮尽自溃。可他没料到,断了退路的楚军竟如猛虎下山,个个以一当十。项羽手持长戟身先士卒,楚军跟着他攻破秦军壁垒,九战九胜。

今日不破秦军,誓不还!

那些原本观望的诸侯援军见楚军以少胜多,才敢出兵相助。最终四十万秦军土崩瓦解(王离军被歼),章邯所部也在之后的持续作战中受挫,最终率残部投降。他望着项羽身后那些衣衫染血的江东子弟,怎么也想不通:自己手握雄师,竟会输给这几万"破釜沉舟"的亡命徒。

古籍拆解

强弱之理:形与质的错位

《寒窑赋》中"蜈蚣百足,行不及蛇;雄鸡两翼,飞不过鸦"两句，道尽了强弱对比的本质。蜈蚣足再多，爬行速度也不如蛇快；雄鸡翼再宽，飞行也不如翅轻体巧的乌鸦。这不是否定"多"的价值，而是说外在的"形"若没有内在的"质"支撑，再多优势也只是虚设。

古人早就看透了他们之间的辩证关系。楚汉相争时，刘邦兵力远不及项羽，却能屡败屡起，靠的不是兵多将广，而是善用韩信的才能、张良的智谋；项羽虽有"力拔山兮"的勇力，麾下猛将如云，却因刚愎自用，最终落得乌江自刎。

"百足"与"两翼"是表象的"强"，"蛇之行"与"鸦之飞"是内核的"效"。很多时候，表面的"强"只是数量的堆砌，"弱"却是专精的凝聚。秦军的四十万之众，若心不齐、将不勇，人数再多也只是乌合之众；楚军的五万之师，若上下一心、死战不退，人数虽少却能爆发出摧枯拉朽的力量。这句话不是要颠覆强弱的概念，而是提醒世人：看强弱，别只看表面的"多与少"，更要看内核的"合与专"。

自然启示

你的判断里，藏着多少"以形判强弱"的偏见？

是不是曾因团队人多就轻视对手，却不知对方一人抵你十人（被"数量"迷惑）？

是不是曾仗着经验丰富就固执己见，反被新人的创新思路打败（被"资历"困住）？

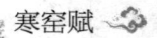

是不是总觉得资源少就必败无疑，却忘了集中力量也能撕开缺口（被"匮乏"吓退）？

……

当我们用"多少""大小"给强弱贴标签时，就像用斗量水、用秤称风，根本抓不住本质。那些"强败弱胜"的反转往往不是因为运气，而是因为"强"的一方被自身的"多"所累，"弱"的一方却因"专"而聚力。

处世心法

辨强弱：在反转中找到支点

1. 学会"观其质"

抛开表面的数量与声势，看核心的协调与专注。就像判断一支军队，别只数人数，而要看士气与纪律；评价一个方案，别只看篇幅，而要看是否切中要害。项羽的楚军能胜，不在人多，而在"破釜沉舟"的决心。

2. 懂得"避其锋"

面对看似强大的对手，不硬碰硬，就像蛇不与蜈蚣比足多，而凭灵活绕开牵制。刘邦屡败于项羽，却总能避开正面决战，用离间计、持久战消耗对方，最终以柔克刚——这不是示弱，而是懂得"以己之专，攻彼之散"。

3. 善于"聚其力"

身处弱势时,把有限的资源集中在一点。就像乌鸦不与雄鸡比翼宽,只练飞行;小企业不与巨头拼规模,只在细分领域做到极致。专注才能聚力,聚力方能反转——这正是"弱能胜强"的关键。

思辨问答

强弱反转的智慧需要跳出非黑即白的执念,下面这些问答能帮你看清背后的逻辑。

1 问:"百足不如一鳞",是不是说"多"就一定不好?

答:不是。多而协调,如雁阵南飞,便能借力远行;多而杂乱,如一盘散沙,反倒互相掣肘。关键不在"多"与"少",而在"合"与"散"。

2 问:弱势时,一定要破釜沉舟才能赢吗?

答:破釜沉舟是凝聚心力的方法,不是唯一的路。韩信背水一战是险中求胜,诸葛亮空城计是智退强敌,方法不同,但核心相通:都是让"弱"的一方剔除杂念、专注目标,找到适合自己的"聚力之道"才是关键。

3 问:怎样避免自己成为"百足蜈蚣"或"两翼雄鸡"?

答:常自问"我的优势真的用好了吗"。技能再多,若无一专精,便是"百足";资源再丰,若散乱耗损,便是"两翼"。与其追求"多",不如打磨"专"——就像蛇只练蜿蜒,鸦只练飞行,反倒各成其强。

4 问：总被人说"条件不如人",该如何自处?

答：把"不如人"的地方变成"更专注"的理由。没有百足,就把独鳞练到最灵活;没有宽翼,就把轻翅练到最精准。很多时候,所谓"弱势"恰是去掉冗余的契机,就像项羽砸破炊具,反倒让楚军没了退路,只剩向前一条路。

智慧寄语

世事的智慧藏在对"强弱"二字的通透里。别被"百足"的热闹迷了眼,也别因"一鳞"的单薄泄了气——蜈蚣有蜈蚣的难,蛇有蛇的巧,真正的强大从不是"拥有多少",而是"用好多少"。认清这一点,便不会困于表面的强弱。在自己的节奏里,把每一分力都用在实处,这便是应对反转的定盘星。

3.贫富寿天皆流转

天地回响

田埂上的蒲公英,风一吹便四处飘零,看似无依无靠,落地却能生根发芽;岩缝里的松柏,起初不过寸许,经年后竟能亭亭如盖,荫蔽一方。大自然从不会因一季的枯荣妄断永恒,却在年轮暗长的静默中,埋下由衰转盛、积微成巨的伏笔。就像老话说的"三十年河东,三十年河西",世间的贫与富从不是刻在骨子里的印记,今日箪瓢屡空的,或许明日便家道兴隆;此刻钟鸣鼎食的,难保他日不门庭冷落——这便是贫富流转。

史海泛舟

从赤贫到富甲的传奇

元末的周庄,有个叫沈万三的少年,家里穷得叮当响,只能靠给人放牛、拾柴火过活。村里人都笑他:"这娃子,这辈子怕是连顿饱饭都吃不上。"他却不恼,捡柴火时总爱琢磨:哪些草木能卖钱,哪条水路能行船,心里默默记着。

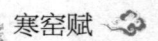

一次,沈万三在湖边发现一筐被人丢弃的烂藕,旁人都捂着鼻子走开,他却挑拣出还能吃的部分,洗净了拿到镇上换了几个铜板。更奇的是,他见镇上商船往来,却缺个给船家补网、送水的人,便每天天不亮就守在码头,凭着勤快和实在,慢慢攒下了第一笔钱。

后来,沈万三瞅准了贩运粮食的商机。那时战乱刚平,江南粮食丰收,北方却闹饥荒,他雇了小船,冒着风浪把粮食运到北方,一去一回便赚了成倍的利。旁人劝他"见好就收",他却把赚来的钱又投进去,买船、雇人,渐渐成了往来南北的粮商。再后来,他又涉足盐业、丝绸,甚至把生意做到了海外,据传连明太祖朱元璋修南京城墙,他都捐了一大笔费用。

谁能想到,富可敌国的沈万三早年竟连件像样的衣裳都没有?而那些曾嘲笑他的乡邻大多还守着几亩薄田,过着紧巴巴的日子。

第二章
见世事：无常中藏着轨迹

古籍拆解

贫富之理：流转中的定与变

《寒窑赋》中"有先贫而后富，有老壮而少衰"两句，道尽了贫富流转的常态。有人起初贫寒，后来却能发家致富；有人年轻时身强力壮、家境殷实，到老来反倒衰败落魄。这不是命运的胡乱拨弄，而是藏着"力"与"时"的交织。

春秋时的范蠡，助勾践灭吴后弃官从商，从一介布衣做起，三散家财，每次跌落谷底都能重新崛起，靠的不是运气，而是对商机的敏锐把握和"薄利多销"的经营之道。反观有些富家子弟，继承了万贯家财，却终日吃喝嫖赌，不事生产，再大的家业也经不起折腾，最终落得"少壮富、老来贫"的下场，就像良田不耕，终会荒芜。

"先贫后富"的关键往往在"贫时不丧志"——像沈万三那样，穷时能看清路、肯下力，把每一个机会都变成向上的台阶；"老壮少衰"的症结则多在"富时不收敛"——忘了"坐吃山空"的道理，把一时的富足当成了永久的盛宴。这句话不是要否定贫富的差距，而是提醒世人：贫未必是终局，富未必是常态，流转之中，藏着个人的选择与行事的因果。

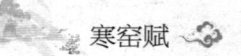

自然启示

你的认知里藏着多少"固化贫富"的偏见?

是不是曾因出身贫寒就自暴自弃,觉得"这辈子也就这样了"(困于"贫"的标签)?

是不是见他人富甲一方就眼红嫉妒,忘了人家背后的辛劳(只看"富"的表象)?

是不是总觉得"富人家的孩子起点高,自己没法比",却忽视了手中的机会(被"差距"吓退)?

……

当我们认定"贫者恒贫,富者恒富",就像以为石头永远不会发芽,却忘了种子落进石缝也能顶开顽石。那些贫富流转的故事往往不是因为"命运偏爱",而是因为有人在贫寒时埋下了富的种子,有人在富足时播下了贫的隐患——就像蒲公英落地即生根,就像良田荒芜因懒耕一样。

处世心法

顺流转:在贫富中守好方寸

1. 贫时"扎根"

身处困顿时,不怨天尤人,像沈万三那样,从身边的小

第二章
见世事：无常中藏着轨迹

事做起，积攒力气与眼光。哪怕只是学一门手艺、记一条信息，都是在给未来"打地基"。贫穷不可怕，可怕的是丢了向上爬的念想和脚踏实地的行动。

2. 富时"疏流"

家境优渥时，不骄奢懈怠，把一部分财富用来帮人、修路，积攒善缘；把另一部分投入新的营生，让"富"像活水一样流动，而不是变成一潭死水。富而不骄、富而能守，才能让好日子过得长久。

3. 寻常时"观势"

无论贫富，都要看清"流转"的理路。不要觉得贫穷是"天定"，也别以为富贵是"永恒"，就像农民看天种地，既要懂得"春种秋收"的规律，也要防备"旱涝虫灾"的变数。心里装着"流转"二字，才不会在顺境时张狂，逆境时绝望。

思辨问答

贫富流转的智慧需要在现实中慢慢品味，下面这些问答能帮你在顺境和逆境中保持清醒。

1 问：出身贫寒，真的能靠自己改变命运吗？

答：能。改变命运的不是"贫寒"本身，而是贫寒中不肯认输的劲、肯琢磨的脑、敢行动的胆——这些与出身无关。

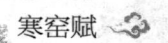

2 问：富了之后，怎样才能避免"富不过三代"？

答：要教给后代"守富"的本事，更要传给后代"创富"的精神。不要只给孩子留金银，要让他们知道"钱是怎么来的"——是像沈万三那样一点点攒的，是像范蠡那样一步步算的。留金山银山，不如留"能挣、会守"的本事，就像有良田也要教给子孙"耕种之法"，才能代代丰收。

3 问：看到别人富起来，心里不平衡怎么办？

答：把"不平衡"变成"学本事"的动力。别只看人家"现在有什么"，多想想人家"过去做了什么"。沈万三的邻居若能学他"捡烂藕换钱"的勤快，学他"跑码头找商机"的活络，未必不能改善日子。与其眼红，不如照着做，这才是最实在的"平衡"。

4 问："先贫后富"会不会让人变得贪心？

答：关键在"富了之后想什么"。若只想着"再多赚点"，贪心自然会膨胀；若想着"当年受过苦，如今帮衬人"，贪心就会变成善心。

智慧寄语

> 不必因一时的贫寒而低头，泥土里能长出庄稼，石缝里能钻出松柏，只要肯扎根，总有向上的可能；也不必因一时的富足而昂首，河水不流会变臭，良田不耕会荒芜，懂得惜福、会续力，好日子才能长远。贫时做攒

劲的种子，富时做流动的活水，不被当下的境遇困住，就能抓住"先贫后富"的转机，也避开了"老壮少衰"的陷阱——这便是应对贫富流转的根本，也是世事教给我们的生存之道。

4. 圣贤亦难逃困厄

天地回响

深山里的灵芝年年岁岁吸风饮露，得天地精华，却可能到老都藏在荆棘丛中无人识；园子里的桃李不过沾了几分春阳暖意，反倒能早早挂果，引得路人啧啧赞叹。大自然从不会用"该不该"评判万物的际遇，却总在生长的差异里藏着"有才未必显，无才或先荣"的况味。就像老话说的"文章憎命达，魑魅喜人过"，世间的才华与机遇从来不是严丝合缝的配对，有人熬白了头也等不到一个机会，有人看似寻常却能年少得志——这便是才运错位的常态。

史海泛舟

聊斋先生的科场沉浮

山东淄川的蒲家庄有个叫蒲松龄的秀才，他从小就显露出过人的文才。十九岁那年，他连考县、府、道三个第一，成了远近闻名的才子，乡亲们都以为他迟早要金榜题名，光宗耀祖。

第二章
见世事：无常中藏着轨迹

可谁也没想到，这竟是他科举生涯里最风光的时刻。此后的五十多年，他一次又一次走进考场，从青丝考到白发，却始终与"举人"二字无缘。

更让他憋屈的是，那些他瞧不上眼的"才疏学浅之辈"，有的靠着死记硬背应试范文，有的凭着揣摩考官喜好钻营，反倒一个个中了举，甚至做了官。

蒲松龄没有被屡试不第打垮。在科场失意的日子里，他在村口摆了个茶摊，凡有人来喝茶，他就请人讲些奇闻异事。晚上回到家，他就着油灯把这些故事写下来，添上自己的见闻与思考。久而久之，他竟攒成了一部《聊斋志异》。这部书后来传遍天下，在文人墨客间广为流传，字句间藏着的嬉笑怒骂、世道人心，比多少科举文章都来得深刻。可此时的蒲松龄早已是个满脸皱纹的老翁，一辈子也没等来那顶"举人"的乌纱帽。

古籍拆解

才运之理：错位中的常与变

《寒窑赋》中"满腹文章，白发竟然不中；才疏学浅，少年及第登科"两句,道尽了才与运的错位常态。有人胸有丘壑、文章锦绣,却熬到白头也考不上功名;有人学问平平、见识粗浅,反倒年纪轻轻就金榜题名。这不是否定才华的价值,而是说"才"能否被"识","识"能否遇"时",往往藏着太多变数。

古人早就看透了期间的无奈。唐代的罗隐,诗写得"篇篇锦绣,句句珠玑",却十次考进士落榜,自嘲"十上不第";而有些纨绔子弟凭着父辈的势力,没费多少力气就能登科入仕。这"错位"里,有考官的偏好——就像有人爱牡丹,有人喜幽兰,标准不同,选中的自然不同;有时代的局限——乱世重武功,盛世重文才,才华若不合时宜,便难被看重;也有运气的偶然——就像射箭,有时明明瞄准了靶心,一阵风过就偏了方向。

但这"错位"并非全然的不公,蒲松龄虽未中举,《聊斋志异》却成了千古名著,他的才华没在科场上得到认可,却在文学史上照亮了一片天地。可见才华就像火种,就算没被"科举"这堆柴点燃,也能烈烈燃烧。这句话不是要让人怨天尤人,而是提醒世人:才与运的相遇有时需要等待,有时需要转弯,别因一时的错位熄灭了自己的光。

自然启示

你的执念里,藏着多少"才运对等"的强求?

第二章
见世事：无常中藏着轨迹

> 是不是曾因一次失败就怀疑自己的才华，觉得"我肯定不行"（被"一时得失"困住）？
>
> 是不是见他人"走捷径"成功，就否定自己的坚守，觉得"努力有什么用"（被"表面风光"迷惑）？
>
> 是不是总盯着"公认的标准"，比如学历、头衔，忘了才华还有别的展现方式（被"单一评价"束缚）？
>
> ……
>
> 当我们认定"有才华就该成功""没成功就是没才华"，就像以为太阳从东边升起就一定能晒干所有东西，忽略了还有云层、风雨的影响。那些才运错位的时刻往往不是才华的错，也不是命运的捉弄，而是"才"与"运"的节奏没对上，就像琴弦虽好，若没被合适的手指拨动，也发不出动听的音。

处世心法

安于错位：让才华找到自己的出口

1. 才高者"耐得住"

像蒲松龄那样，才华不被认可时，别忙着自暴自弃。把"不中"的愤懑变成创作的动力，把"怀才不遇"的感慨写成文章。才华就像深潭里的水，就算一时没人来汲，也能滋养出满池的莲。耐住寂寞，才能让才华在别的地方闪耀。

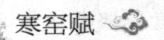

2. 运顺者"惜福"

若年少得志,别觉得全是自己的本事。想想那些比你有才却没你幸运的人,多几分敬畏,少几分骄狂。就像春天早早开花的桃李,要知道"早开也可能早谢",不如趁着风光正好,多扎稳根,免得一阵风雨吹倒了树干。

3. 寻常者"守心"

不管才高才低、运好运坏,都要认清楚自己的"火种"在哪里。蒲松龄知道自己的"火种"在写故事,不在科举;罗隐知道自己的"火种"在写诗,不在做官。守住这颗"心",就不会在别人的标准里迷失,也不会在错位的境遇里绝望。

思辨问答

才运错位的智慧需要在坚守中慢慢体会,下面这些问答能帮你在得失中找到平衡。

1 问:才华和机遇哪个更重要?
答:才华是"米",机遇是"火"。有米没火,煮不熟饭;有火没米,烧得再旺也没用。但米可以存着,等火来;火若来了没米,就只能空烧。

2 问:多次失败,是该坚持还是该放弃?
答:看"失败"是在消耗你,还是在滋养你。蒲松龄考科举是消耗,但听故事、写《聊斋志异》是滋养。若坚持的事让你越来越枯萎,不如像蒲松龄一样转个弯;若才华在坚持中越来越饱满,哪怕没成功,本身也是收获——就像深山的灵芝,就算没人采,也照样活得有价值。

3 问:别人靠运气成功,自己努力还有意义吗?
答:有。运气就像一阵风,能吹起羽毛,却吹不动石头。才华和努力,就是把自己变成石头。蒲松龄写《聊斋志异》,不是为了"成功",而是因为"不写就难受",这种发自本心的努力本身就比一时的"运气成功"更长久。

4 问:怎样才能让才华不被埋没?
答:别只盯着一个"出口"。科举埋没了蒲松龄的才,他就自己开了"写小说"这个口;画画的不被画廊认可,就自己摆摊、网上分享;唱歌的没被唱片公司看中,就自己发视频。若真是金子,总能找到发光的地方,关键是你愿不愿意换个"照亮"的方式。

智慧寄语

才华如树,有的早开花,有的晚结果,有的在庭院里被人夸赞,有的在深山中自享清风,本就没有统一的"成功"模样。蒲松龄用一辈子告诉我们:才运可以错位,但才华不会无用,只要你肯坚持、会转弯,就算没登上科举的"青云梯",也能在自己的"聊斋"里,活成不朽的传奇。这便是世事的公平——它或许会迟来,但从不会辜负真正的才华与坚守。

章末结语

　　世事的无常在本章展现得淋漓尽致：昨日的富贵可能转瞬成空，昔日的贫贱或许一朝逆转。祸福相倚从来不是空谈，强者可能因傲慢失势，弱者反倒凭隐忍崛起。那些看似杂乱无章的变迁实则暗藏轨迹：富者若不知节制，贫困便在不远处等候；才高者若恃才傲物，沉沦也会悄然降临。看懂这轨迹，便不会被眼前的荣宠迷惑，也不会因暂时的困窘绝望。世事如棋，落子无悔，但知晓棋路的人，总能在变幻中找到破局的可能，于无常中把握相对的安稳。

第三章
见心性：困厄中的自处之道

　　命运如浪，心性为舟。得意时的张扬人人相似，困厄中的坚守才见真章。本章聚焦人生低谷时的方寸，看贫者不因窘迫失节，富者不因骤贵忘形。诚信是暗夜的灯，坚守是寒冬的炭，纵遭时运戏弄，守住本心便守住了翻盘的可能。世间从无永恒的顺境或逆境，能在低谷中挺直腰杆儿，于困厄中不失温度，方是对命运最有力的回击。

1. 贫富转换的普遍真理

天地回响

石缝里的草木能在贫瘠中盘曲根系，一朝得雨便舒展新绿；寒冬里的松柏能耐住酷寒积蓄元气，春来时更显苍劲。天地的枯荣交替中，藏着"困厄是磨砺，坚守得转机"的密码。就像老话说的"十年寒窗无人问，一举成名天下知"，这不是命运的偶然眷顾，而是告诉世人：贫富转换的关键从来不在时运的偶然，而在困厄中能否守住心性。

史海泛舟

困厄中的坚守与转机

春秋末年，孔子带着弟子周游列国，推行"仁政"主张，却屡屡碰壁。行至陈蔡边境时，因诸侯猜忌被团团围困，粮草断绝整整七日。弟子们饿得头晕眼花，子路忍不住抱怨："夫子向来强调仁义，为何反倒落得这般境地？"孔子却在帐中抚琴不止，弦音沉稳不乱。他对弟子说："君子在困厄中更要守得住本心,小人遇困才会胡作非为。我们推行的道,纵一时不被接纳,也不能因此动摇。"

即便分到一碗野菜汤,孔子也先让弟子们果腹,自己只抿一口润喉,依旧每日讲学不辍。这种在绝境中不变的从容让弟子们渐渐安定下来。直到楚国派兵相迎,他们才得以脱险。后来子贡问起当时的心境,孔子道:"怕过,但琴声能定心神——知道自己做的是对的,就不算真的困顿。"

渭水之滨,吕尚(姜太公)的境遇更为困窘。他年轻时精通兵法谋略,却因商朝末年朝政混乱,始终无处施展,年过七十仍在渭水垂钓。有人见他用直钩钓鱼,嘲笑他异想天开,他却淡然道:"我钓的不是鱼,是能识得良才的明主。"他每日虽在钓鱼,但其实是在观察天下大势,揣摩治国之道,把渭水当成了修炼心智的道场。这一等便是十年,直到遇见周文王姬昌,他的才华才得以施展,他辅佐武王伐纣,成就了周朝八百年基业。

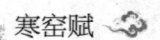

转换之理：心性是转换的根基

《寒窑赋》中"文章盖世，孔子厄于陈邦；武略超群，太公钓于渭水"两句，道尽了贫富转换的本质。"文章盖世""武略超群"是底气，如同种子饱满的内核；"厄于陈邦""钓于渭水"是境遇的暂时困顿，如同种子落入坚硬的泥土。这两句不是诉说命运的不公，而是揭示一个真理：贫富的转换从来不是突然的时来运转，而是在困厄中守住心性、积蓄力量的必然。

孔子困于陈蔡，并非才华不足，而是乱世容不下他"仁政"的理想；太公隐于渭水，并非谋略不精，而是商朝末年没有识才的明主。但他们在"贫"时从未自弃：孔子弦歌不辍，用讲学坚守信念，让"文章盖世"不至于沦为空谈；太公静观时变，用垂钓磨砺心智，让"武略超群"不至于消磨于岁月。这种在困厄中对心性的坚守，恰是日后"富"（境遇转变、才华施展）的伏笔。心性若倒，纵有一时之富也会坐吃山空；心性不倒，纵处困顿也能迎来柳暗花明。

自然启示

你在困窘时，有过多少"自断根基"的行为？

第三章
见心性：困厄中的自处之道

是不是因一时失意，就放纵惰性，把"反正也不行"当成借口，让才华在闲散中生锈（失了精进之心）？

是不是见他人投机获利，就动摇信念，学着钻营取巧，把曾经坚守的原则抛在脑后（丢了本心之守）？

是不是在长久困顿中，渐渐变得怨天尤人，觉得"命运不公"，让戾气吞噬了前行的力气（没了坚韧之志）？

……

当我们在困厄中做出这些"自断根基"的事，就像石缝里的草木主动折断根系，即便天降甘霖，也再无舒展的可能。那些始终困于"贫"境的人，往往不是时运不济，而是在困境中先失了孔子的"坚守"、丢了太公的"耐心"，让心性的根基在境遇转变之前枯萎。

处世心法

转换之道：在困厄中厚植心性根基

1. 守"常"：困顿中不失日常节奏

像孔子在陈蔡仍坚持讲学那样，无论境遇如何，不打乱自己的节奏。该读书时读书，该做事时做事，这份"如常"不是麻木，而是在混乱中为自己锚定方向，让心性在规律中保持清明。

2. 蓄"力"：等待中打磨核心本领

像太公在渭水观察时势那样，把困厄当成精进的契机。孔子在困厄中深化对"仁"的理解，太公在等待中完善用兵之策，都是在为日后的"转换"积蓄力量。本领过硬，才紧紧能抓住转机。

3. 明"向"：迷茫中守住价值判断

清楚自己"为何而困"，便不会在迷茫中随波逐流。是为坚守原则而失意，便不必羡慕投机者的一时得利；是为长远目标而蛰伏，便不必焦虑眼前的得失。这份"明向"是黑暗中不迷路的灯塔。

思辨问答

贫富转换的智慧需要在困厄中反复淬炼，下面这些问答能帮你在低谷中看清方向。

1 问：长时间困于贫境，真的能靠心性改变吗？
答：心性不是万能的，但它是基础。就像种子没有饱满的内核，再好的土壤也长不出幼苗。心性的坚守是让"转换"成为可能的前提。

2 问：才华和心性，哪个对转换更重要？
答：才华是"柴"，心性是"火"。没有才华，好比无柴可烧；没有心性，好比有柴却点不燃。孔子的"文章盖世"是柴，困厄中的坚守是火；太公的"武略超群"是柴，等待

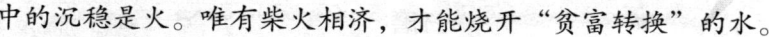

第三章
见心性：困厄中的自处之道

中的沉稳是火。唯有柴火相济，才能烧开"贫富转换"的水。

3 问：如何判断自己的坚守是"执着"还是"固执"？

答：看是否有"成长"。孔子在困厄中会反思"仁政"的推行方式，这是执着；若一味蛮干不知调整，便是固执。太公在等待中会观察时局变化，这是执着；若死守"非明主不事"的形式，便是固执。关键在于：坚守核心价值，却不拒绝灵活的方式。

4 问：贫富转换之后，还需要警惕什么？

答：警惕"富而失心"。不少人在困厄中能守心性，一旦境遇好转，便容易放纵欲望、迷失方向。就像树木长成后若不修剪，易生杂枝。

智慧寄语

心性的力量能让困厄成为垫脚石，从等待中酝酿出转机。孔子的弦歌不是对困境的妥协，而是对信念的滋养；太公的垂钓不是对命运的屈服，而是对时机的守望。

贫富的转换从来不是天上掉下来的奇迹，而是困厄中那颗不肯沉沦的心，在时光里慢慢熬出的甜。守住心性的根基，哪怕身处贫瘠之地，也能像石缝里的草木那样积蓄力量；哪怕遭遇寒冬，也能像松柏那样等待春来。这便是贫富转换最朴素的真理——心性不倒，转机就不会缺席。

2.不遇时的坚守

天地回响

深山里的翠竹遭雪压不折,遇风摇不慌,把根须在岩缝里扎得更深;墙角的梅花沐寒而开,不与桃李争春,只把清气散在凛冽的风里。大自然从不会因境遇严酷就夺走万物的本心,却总在沉默的坚守里藏着"穷不失义,达不离道"的深意。就像老话说的"好汉不吃眼前亏",这"不吃亏"不是低头认输,而是时运不济时,守住根本、静待时机的从容——这便是"时遭不遇"时,"安贫守份"的真意。

史海泛舟

东篱下的坚守

浔阳柴桑的田埂上,四十多岁的陶渊明正弯腰除草,粗布衣衫上沾着泥土,草帽下的脸颊被晒得黝黑。谁能想到,这位扛着锄头的农夫在几年前还是彭泽县的县令。

那时候,陶渊明本有机会在官场上继续向上走,可上任

第三章
见心性：困厄中的自处之道

才八十多天，郡里派来的督邮要他束带迎接。下属劝他："督邮是上司，该好好招待才是。"陶渊明叹了口气："我岂能为五斗米，向乡里小人折腰？"当天他就解下官印，回了乡下。

陶渊明本就家境贫寒，辞官后更是只能靠耕种度日。田地里的收成时好时坏，遇上灾年，连温饱都成问题，他却不恼。他在春天采菊，秋天酿酒，闲时就坐在窗前写几句诗。朋友看不下去，替他谋了个州里的差事，他

婉言谢绝："我本性爱自然，官场不是我的去处。"有大户人家想请他做幕僚，许以厚禄，他也只淡淡地说："我这点儿本事，只配种好自己的田，写好自己的诗。"

就这样，陶渊明在乡下一住就是二十多年，从壮年到暮年，穿粗衣、吃粗粮，却把日子过成了诗。那些不被时运眷顾的岁月反倒成了他心性的试金石，他让"安贫守份"四个字在田埂间开出了不败的花。

古籍拆解

坚守之理：困厄中的定盘星

《寒窑赋》中的"时遭不遇，只宜安贫守份"道尽了困厄中的自处之道。"时遭不遇"是人生常态，就像行路遇雨、行船逢风，谁也躲不开命运的阴晴；"安贫守份"是应对的良方——"安贫"不是甘受贫困，而是在清贫中守住内心的安宁，不被物欲搅乱方寸；"守份"不是固步自封，而是守住自己的本真与分际，不贪非分之利，不越应有之界。

杜甫漂泊西南，"床头屋漏无干处"，却仍"安得广厦千万间"，守的是"忧国忧民"的份。陶渊明"安贫"，不羡慕官场的荣华，甘愿在田亩间劳作，从清贫中品出"悠然"的滋味；他"守份"，知道自己"性本爱丘山"，便毅然辞去官职，在田园中找回真实的自己。"时遭不遇，只宜安贫守份"从不是让人消极认命，而是提醒世人：时运可以不公，但心性不能失守；境遇可以困窘，但本真不能丢弃。安贫守份，即便不被时运青睐，也能在自己的天地里活得踏实坦荡。

自然启示

你在困厄中，有多少"失份"的躁动？

是不是曾因职位低微就怨天尤人，甚至动了投机取巧的念头，忘了本该做的事（丢了"守份"的底线）？

是不是见他人日子风光就心浮气躁，嫌自己日子清苦，把当下该尽的责抛在脑后（失了"安贫"的定力）？

是不是总觉得"怀才不遇"，便敷衍度日、得过且过，让心性在抱怨中变得粗鄙（没了坚守的根基）？

……

当我们在"不遇"时急于求变、不择手段，就像翠竹嫌岩缝贫瘠，非要挪到沃土中，反倒可能失去坚韧的品性。那些在困厄中栽跟头的人往往不是因为时运太坏，而是因为在"不遇"时丢了"安贫守份"的根本，就像梅花若贪慕春光，非要在暖日里绽放，反倒失了傲雪的风骨。

处世心法

安守之道：不遇时的立身处世

1. 辨"份"：认清自己的本真

像陶渊明那样，知道自己本性"爱自然"，便知官场不是自己的"份"。看清自己适合什么、该做什么，不被外界的评价裹挟，不贪求不属于自己的东西。这份清醒是"守份"的前提。

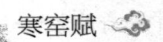

2. 安"贫"：在困厄中稳住心神

境遇清苦时，不焦虑、不抱怨，像陶渊明"带月荷锄归"那般，在当下的生活里找到安宁。把心思放在该做的事上，而非没得到的东西上，这份从容是"安贫"的核心。

3. 固"守"：在本份上持续耕耘

选定了自己的"份"，就踏踏实实干下去。陶渊明种不好田却仍坚持耕种，写的诗起初无人知晓但仍坚持下笔。不急于求成，不轻易放弃，让坚守在岁月里沉淀出力量。这份执着是"守份"的落脚点。

思辨问答

不遇时的坚守需要在困顿中慢慢品悟，下面这些问答能帮你在迷茫时守住本心。

1 问："安贫守份"是不是消极避世？
答：不是。消极避世是放弃努力、逃离责任，而"安贫守份"是在认清现实后，主动选择在自己的"本份"上积极耕耘。陶渊明种地、写诗，都是实实在在的生活，只是不随世俗追逐官场名利而已。这种坚守是对心性的主动守护，而非被动逃避。

2 问：如何确定自己的"份"在哪里？
答：看你做什么事时，即便没回报也甘愿投入。陶渊

第三章
见心性：困厄中的自处之道

明种菊、写诗，哪怕穷困潦倒也乐在其中；工匠打磨手艺，哪怕起初赚不到大钱也愿意钻研。这种"甘愿"就是你的"份"——它无关外界的标准，只关内心的契合。

3 问：坚守本份却总被人嘲笑"傻"，该怎么办？

答：像陶渊明那样，把嘲笑当作耳旁风。他人嘲笑的往往是"不合时宜"，而"份"的价值恰恰在于超越一时的"时宜"。陶渊明当年被笑"自讨苦吃"，可他的诗流传千年，那些嘲笑他的人早已被遗忘。真正的坚守经得起时间的检验，不必急于向当下的人证明。

4 问："安贫"是不是意味着不能追求更好的生活？

答：不是。"安贫"是安于当下的境遇，而非放弃努力。陶渊明也希望"衣食足"，只是在没达到时不焦虑、不违心。追求更好的生活可以，但要"求之有道"——不违背自己的本份，不损害他人的利益。这个底线是"安贫"与"进取"的平衡。

智慧寄语

> 困厄中的智慧全在"安贫守份"这四个字的践行里。时运不眷顾，便守住自己的本份，在该做的事上默默耕耘；日子清苦，便稳住心境，在平凡的生活里品出滋味。这世上不是所有坚守都能换来时运的转机，但所有坚守都能让心性更澄澈、更坚定。不遇时的坚守，从

不是向命运妥协,而是在认清生活的真相后,依然选择做自己认定的事。这份对本真的守护本身就是一种了不起的人生成就——比一时的风光更持久,比世俗的成功更动人。

3.诚信带来的希望

天地回响

"人无信不立",孔夫子的叮咛穿越千年,仍在提醒世人诚信是立身的根基;"言忠信,行笃敬",曾子的教诲历经风雨,依旧昭示着真诚是处世的良方。这些流传下来的箴言从不是空洞的教条,而是无数人在困厄中亲证的真理:诚信或许不能立刻带人走上坦途,却能让人在崎岖的路上走得踏实;真诚可能暂时被误解,却终会在时光里显露出力量。

史海泛舟

风雪中的承诺

元末的浦江,少年宋濂踩着没过膝盖的积雪,深一脚浅一脚地往藏书人家赶。他家里穷得买不起书,只能向人借阅,约定了还书日期,便无论如何都要遵守。

这次借的是一部珍贵的《史记》,主人家本不愿外借,见他说得恳切,才松口借给他,但是让他在十五日之内归还。宋

濂连连应下，回家后，他白天帮家里干活，晚上就着油灯抄书，手指冻得僵硬，就放在嘴边哈口气再写。母亲心疼他："晚几天还不行吗？天这么冷。"宋濂摇头："说好十五天，就是十五天，不能失了信用。"到了第十四天，书刚抄完，外面又下起了大雪，山路被封，根本没法成行。

第二天一早，他揣着抄本和原书，硬是踩着雪走了几十里路，准时把书送还。主人家见他浑身是雪，鞋都冻出了冰壳，又翻看抄本字迹工整，惊叹道："从没见过这么守诺的孩子，以后你要借书，随时过来。"后来凭着这份诚信，宋濂得以博览群书，深受明太祖朱元璋倚重，还被后世誉为明朝"开国文臣之首"，当年风雪中的坚守终究让他在人生路上"扬眉吐气"。

古籍拆解

诚信之理：困厄中的光

《寒窑赋》中的"心若不欺，必然扬眉吐气"道尽了诚信在困厄中的力量。"心若不欺"是根——不欺骗他人，不违背承诺，更不糊弄自己的本心；"必然扬眉吐气"是果——不是说诚信者定能事事顺遂，而是说坚守诚信的人内心坦荡无疚，即使身处低谷，也能抬头挺胸，终会被命运和他人看见。

"心若不欺"的可贵在于困厄中的坚守。宋濂冒雪还书，不是因为不怕冷，而是"失信"比寒冷更让他难安；季布在逃亡中仍守诺，不是不知危险，而是"无信"比死亡更让他耻辱。这句话不是要给诚信者画一张空头支票，而是提醒世人：诚信是困境中的灯塔，守住它，就守住了在黑暗中前行的方向，总有一天，这束光会照亮"扬眉吐气"的路。

自然启示

你的心里，藏着多少"自欺"的暗礁？

是不是曾为了眼前小利，答应别人的事转头就忘，还安慰自己"小事而已"（轻慢了承诺的分量）？

是不是遇到难处就想耍滑头，把"没办法"当借口，忘了"不欺心"才是安身的根本（模糊了诚信的底线）？

是不是见他人靠投机取巧获利，就动摇了坚守的念头，觉得"诚信不值钱"（低估了真诚的力量）？

……

当我们在困厄中选择"欺心"，就像古井被淤泥彻底堵塞，再也涌不出清泉。那些在人生路上栽跟头的人，往往不是因为运气太差，而是因为在某个时刻对自己的"心"说了谎，就像美玉被刻意染上杂色，再难恢复本真的光彩。

处世心法

守诚之道：困厄中的立身之本

1. 诺不轻许，许则必行

像宋濂那样，不轻易答应自己做不到的事，一旦承诺，就拼尽全力去兑现。哪怕遇到再大困难，也不找借口推脱——答应的还款，再难也要凑齐；说好的帮忙，再累也要做到。这份"许则必行"是"不欺"的第一步。

2. 心不虚妄，行不逾矩

在无人监督时更要守信。没人知道你是否偷偷改动过约定，没人盯着你是否敷衍了责任，但自己的"心"知道。就像季布逃亡时仍守诺，不是做给别人看，而是过不了自己这关。这份"对己诚实"是"不欺"的核心。

3. 困而益坚，守信不欺

遇到挫折时，别把"失信"当捷径。生意失败了，别赖账跑路；工作失误了，别推诿狡辩。像宋濂那样，越难越要守住诚信，因为困境中的诚信，才最能体现心性的力量，也最能积攒"扬眉吐气"的资本。

思辨问答

诚信的智慧需要在取舍中淬炼,下面这些问答能帮你在困厄中守住本心。

1 问:坚守诚信会吃亏吗?
答:短期可能会,但长远不会。宋濂冒雪还书,看似受了冻,却换来了此后借书的便利;季布坚守承诺,看似冒险,却换来了危难时的庇护。"吃亏"往往是眼前的小损失,而诚信能积累无形的"信用资本",这才是人生的大财富。

2 问:别人都不诚信,我还需要坚守吗?
答:需要。诚信是为了让自己"心安",不是为了迎合他人。就像古井不管外界如何,始终涌出清泉;美玉不管他人如何,始终保持温润。自己做到"不欺",才能在乱象中站稳脚跟,这恰恰是困厄中最可靠的"护身符"。

3 问:"心若不欺"是不是意味着什么实话都要说?
答:不是。诚信是"不欺心",不是"傻实在"。对恶人隐瞒真相,是保护自己;对病人隐瞒重情,是体恤他人——这是"诚"的智慧,而非"欺"。关键是守住"不害人、不违诺"的底线,内心没有愧疚。

4 问:需要诚信多久才能"扬眉吐气"?
答:没有具体时间,但只要坚守,就一定有回响。宋濂的诚信，在少年时就换来了借书的便利；季布的诚信，在危难时就换来了生机。有时它像春种秋收，有时它像久旱甘霖，或许会迟到，但从不会辜负"不欺"的初心。

智慧寄语

　　命运或许会给你风雪，却夺不走你守诺的勇气；境遇或许会让你困顿，却磨不掉你真诚的底色。像宋濂那样，在风雪中抱紧承诺；像季布那样，在危难中守住本心。

　　这世上最可靠的"扬眉吐气"，从不是靠投机取巧换来的风光，而是靠"不欺心"赢得的尊重与安宁。当你在困厄中选择诚信，就像在黑夜中点燃烛火，或许不能立刻照亮远方，却能让自己始终看清脚下的路，终有一天，这烛火会成燎原之势，让你在光明下抬头挺胸，问心无愧。

章末结语

本章说透了困厄中的生存智慧：贫富转换本是常事，真正能安身立命的，是不为境遇所动的心性。贫时不卑不亢，守住尊严与底线，便不会因急功近利误入歧途；富时不骄不纵，保持清醒与善意，才不会因得意忘形众叛亲离。诚信是穿行暗夜的火把，能在困境中引来相助的微光；坚守是寒冬里的炭火，能在绝望时守住内心的温暖。命运的浪涛再汹涌，只要心性这叶扁舟若足够坚固，便能载着人渡过险滩。所谓自处，不是与世隔绝，而是在纷扰中守住本心，于动荡里保持定力，让心性成为对抗无常最可靠的铠甲。

第四章
见善恶：品性决定长远格局

　　一时荣辱若浮萍，品性根基似磐石。本章拨开迷雾，看贫者乐道的风骨，富者骄横的短视。莫笑此刻衣衫褴褛，可能他腹中自有乾坤；休羡当前金玉满堂，或许他内里草莽。善恶终有回响，品性决定格局，那些藏在言行里的操守终将在时光的沉淀中，长成支撑人生的脊梁，或成为倾覆命运的暗礁。

1.君子品格的坚守

天地回响

深山的顽石,经千年风雨冲刷仍棱角分明;幽谷的兰草,处无人问津之地仍芬芳自溢。天地间的器物草木,自有其不随境遇改易的本性。就像老话说的"疾风知劲草",是说真正坚韧的劲草能在狂风中挺立如初,于寂寥处不改其志。君子的品格恰如这石与兰——富贵时不溺于奢靡,贫贱时不流于卑贱,那份心性的笃定才是立身处世的基石。

史海泛舟

牧羊人的气节

西汉武帝年间,苏武奉朝廷之命出使匈奴,却因匈奴内部变故被扣留。单于知他有才干,派降将李陵前来劝降,许以高官厚禄、娇妻美宅:"子卿(苏武字)若归降,可与我同享荣华,何必在北海苦寒之地牧羊?"

苏武望着帐外漫天飞雪,指着自己所持的汉节(使臣信物）道："我手持汉节，便是汉朝的代表，岂能因富贵改易心志？"单于见劝降不成，便将他流放到北海（今贝加尔湖），让他放牧公羊，说"等公羊生了小羊，再放你归汉"——这分明是要将他终身困于蛮荒之地。

北海的冬天，积雪没膝，苏武无粮可食，便掘野鼠、采草籽充饥；汉节上的牦牛尾毛渐渐脱落，他仍日夜紧握，视作性命。李陵又来探望，见他衣衫褴褛却仍持节而立，叹息道："子卿在如此绝境，竟还能坚守至此！"苏武淡然一笑："我身虽困，心却系着大汉，只要这口气在，便不会让汉节蒙尘。"

就这样，他在北海牧羊十九年，从青丝壮年到白发老翁，手中的汉节始终未丢。直到匈奴与汉朝和亲，他才得以归汉。汉昭帝感其忠义，封他为典属国，而他那份"富贵不淫、贫贱不移"的气节，更被载入史册，成了千古标杆。

第四章
见善恶：品性决定长远格局

古籍拆解

坚守之理：品性的定盘星

《寒窑赋》中"人生在世，富贵不能淫，贫贱不能移"三句道尽了君子品格的真谛。"富贵不能淫"，是说面对荣华富贵的诱惑，心能如磐石般坚定——就像苏武拒绝匈奴的高官厚禄，守住了对汉朝的忠贞，不因利诱而改其志；"贫贱不能移"是说身处困厄潦倒的境遇，品性似劲草般坚韧——就像他在北海十九年，纵然食不果腹、衣不蔽体，也从未动摇过归汉的信念。

"淫"是迷乱本心的毒药，"移"是摧垮骨气的利刃。古往今来，多少人栽在"富贵"二字上：伯嚭受越国重金贿赂，断送吴国江山；严嵩贪恋权势，终成千古奸臣——这便是"富贵能淫"的恶果。亦有多少人败在"贫贱"二字前：为苟活屈膝投降，为温饱背弃信义——这便是"贫贱能移"的悲哀。

而真正的君子，如文天祥"鼎镬甘如饴，求之不可得"，富贵当前而志不移；如朱自清"宁肯饿死，不领美国救济粮"，贫病交加而节不改。他们的坚守不是刻意标榜的清高，而是融入骨血的原则：知道什么该坚守，纵粉身碎骨也不退让；知道什么该拒绝，纵万劫不复也不妥协。这份原则让品格如同北斗，无论世事如何翻覆，始终指引着人生的航向。

自然启示

你的选择里藏着多少"失守"的裂痕？

是不是曾为了攀附权贵，违心附和自己不认同的观点，美其名曰"审时度势"（被富贵所淫）？

是不是曾因处境困窘，接受了违背道义的帮助，安慰自己"暂且忍耐"（被贫贱所移）？

是不是曾见他人靠钻营获利，便悄悄放宽了自己的底线，觉得"偶尔一次无妨"（向诱惑低头）？

……

当我们在这些"小事"上退让，就像顽石被雨水侵蚀，起初只是细微的凹痕，久了便会崩解；就像兰草沾染污泥，开始只是少许的浊点，时间长了便会失却芬芳。那些最终失了品格的人往往不是在一朝一夕间崩塌的，而是在一次次"富贵能淫""贫贱能移"的妥协中，慢慢丧失了初心。

处世心法

守正之道：让品格成为定盘星

1. "铸魂"：锚定不可动摇的底线

像苏武紧握汉节那样，明确自己核心的坚守是什么。是

"不义之财不取"的操守,还是"有辱尊严不为"的骨气,把这些底线铸成精神的"汉节",无论顺境逆境,都始终紧握不放。

2. "炼性":在诱惑前保持清醒

富贵来时,多问自己"这是否需要以品格交换";贫贱来时,多提醒自己"这是否会让初心蒙尘"。就像苏武面对李陵的劝降,先想的不是"北海的苦寒",而是"汉朝的尊严"。这份清醒是抵御"淫"与"移"的盾牌。

3. "笃行":在日常中始终如一

不必等到生死抉择才谈坚守,寻常日子的一言一行更见真章。答应别人的事,不因对方地位变迁而改变;秉持的原则,不因利益多少而松动。就像苏武在北海牧羊,每日紧握汉节看似寻常,却在十九年的坚持中显露出震撼人心的力量——这份"笃行"让坚守落地生根。

思辨问答

品格坚守的智慧需要在日常生活中反复印证,下面这些问答能帮你在诱惑前站稳脚跟。

1 问:坚守品格会不会太迂腐?

答:真正的坚守从不是迂腐,而是清醒的选择。迂腐是固守形式,坚守是守护本心——时间终会证明什么才是真正有价值的。

2 问:"贫贱不能移",难道要刻意拒绝所有帮助?
答:不是。"不移"的是品格,不是要自绝于人。接受善意的援手无妨,关键是不能让帮助变成"交换品格"的筹码。

3 问:别人都不坚守,我一个人坚持有意义吗?
答:有。意义不在"是否被他人看见",而在"是否能对得起自己"。就像暗夜中的一星灯火,哪怕只有一点光亮,也能划破黑暗,让迷失的人看到方向——这便是坚守的意义。

4 问:如何平衡"坚守"与"变通"?
答:"坚守"是内核不变,"变通"是方式灵活。关键在于:核心的原则不能让,实现的路径可以调整——就像顽石可被雕琢成器,却不能改变其坚硬;兰草可随风摇曳,却不能失却其芬芳。

智慧寄语

富贵如烈火,能熔化金属,也能淬炼出真金的光芒;贫贱如寒冰,能冻僵脆弱的草木,也能显映出劲草的坚韧。君子的可贵正在于看透了这些境遇的虚妄,守住了心性的恒定。

不必羡慕那些靠妥协换来的一时风光,也不必抱怨坚守带来的暂时困顿。坚守品格从来不是为了取悦谁,而是为了在回首往事时,能坦然说一句"我未曾辜负自己"——这份坦然便是品性给予长远格局的最好馈赠。

2.莫以当下论未来

天地回响

美玉蒙尘,难掩其温润之质;秋草枯黄,不失其破土之心。天地间的至珍至贵,从不会被一时的境遇轻易遮蔽。就像老石匠常说的"顽石藏玉,非慧眼难识",这不是说表象毫无意义,而是说真正能决定长远的往往是藏在表象之下的根骨与心性。一时的困顿如同表面的尘埃,掩不住内里的光华;当下的窘迫恰似寒冬的蛰伏,挡不住春来的生机。

史海泛舟

陋巷中的风骨

明末清初,江南有位叫徐枋的读书人,祖上曾是高官,到他这辈却逢乱世。明亡后,他誓不仕清,隐居在苏州的陋巷里,靠卖字作画为生。日子最清苦时,他连着几日断粮,只能以野菜充饥,身上的长衫打了数不清的补丁,却始终浆洗得干干净净。

有富商慕其才名,带着重金求画,却被他拒之门外。富商不解:"先生如今境况艰难,为何拒重金于门外?"徐枋指着墙上的《论语》道:"我虽贫,却不能因五斗米折腰。这衣衫可破,读书人的体面不能破;这肚子可饿,做人的底线不能丢。"

邻里见他寒冬里仍坚持每日整理衣冠、端坐读书,私下里嘲笑他"穷讲究"。他却毫不在意,依旧每日抚琴作画,与来访的遗民学者谈论诗书。有一回,友人见他面带忧色,劝他"不如暂且妥协,待日后再图",徐枋却摇头:"我虽忧心时局,却也信天道循环。守住这份心,总有云开雾散的一天。"

后来,徐枋的气节与才情渐渐传开,连康熙皇帝都闻其名,想征召他入朝,他以疾辞。临终前,他虽家徒四壁,却留下了满屋的书画与文稿,其"守志不屈"的声名比许多达官

显贵流传得更长久。他用一生证明:当下的境遇如同衣裳的新旧,能遮住的只是皮囊,遮不住骨子里的风骨。

第四章
见善恶：品性决定长远格局

品性之基：困境中的恒定力量

《寒窑赋》中"衣服虽破，常存仪礼之容；面带忧愁，每抱怀安之量"两句道尽了"莫以当下论未来"深义。"衣服虽破"是当下的困窘；"常存仪礼之容"是内在的坚守，是困境中不坠的尊严与修养——这不是故作清高，而是知道品性的高下从不在衣衫的新旧，而在言行的端方。

"面带忧愁"是眼前的艰难；"每抱怀安之量"是长远的格局，是困境中不灭的希望与定力——这不是盲目乐观，而是明白一时的风雨终会过去，守住心性便能等到晴空。

古人早就懂得的力量。颜回"一箪食，一瓢饮，在陋巷"，却能"不改其乐"，这份"乐"不是对贫困的麻木，而是对"道"的坚守，是"仪礼之容"的内在体现；杜甫"床头屋漏无干处"，仍梦想"安得广厦千万间，大庇天下寒士俱欢颜"，这份胸怀正是"怀安之量"的生动写照。可见当下的境遇从来不是终点，真正决定未来的是在困境中能否守住那份"仪礼"与"怀安"——前者是立身处世的骨架，后者是面向未来的胸襟。

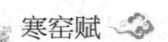

自然启示

你的心里藏着多少"短视"的偏见?

是不是曾见同事穿着朴素,便轻视其能力,却不知他暗中钻研,终成行业骨干(以衣着论格局)?

是不是曾笑友人坚守原则屡屡碰壁,觉得他"不识时务",却没想到他最终赢得众人敬重(以当下论长远)?

是不是曾因自家孩子一时成绩不佳便焦虑不已,忽略了善良坚韧的品性终将助力他的人生(以一时论一生)?

……

当我们被当下的表象迷惑,就像凭落叶就判断大树的生死,却看不见地下深扎的根系;就像以浪花衡量江海的深浅,却摸不透水底涌动的暗流。那些最终能超越当下境遇的人往往不是因为运气突然变好,而是他们在困顿中守护住了自己的品性,为未来埋下了伏笔。

处世心法

长远之道:透过表象看本质

1. 观其内,而非其外

看待他人,多留意言行是否端正,而非衣着是否光鲜;

评价自己，多审视心性是否坚定，而非境遇顺逆。就像徐枋衣衫破旧却守得住底线，这份内在的"仪礼"，才是最珍贵的。

2. 守其常，不随境迁

身处困境时，更要守住日常的分寸：待人有礼，不因落魄而失敬；对事有恒，不因艰难而懈怠。这份"守常"不是固执，而是在变动中为自己锚定方向，让品性成为穿越风雨的中流砥柱。

3. 望其远，不拘眼下

判断一件事的价值，多想想其对三年五载后的影响，而非一时的得失；看待一个人的潜力，多看看他在顺境和逆境中的品性，而非当下的位置。就像判断种子的价值，要看它能否破土，而非此刻是否饱满。

思辨问答

透过当下看未来的智慧需要在偏见中淬炼清明，下面这些问答能帮你擦亮识人的眼睛。

1 问：注重"仪礼之容"是不是太迂腐？
答：迂腐是死守形式，"仪礼"是守住本心。徐枋在陋巷中整理衣冠，不是为了给别人看，而是提醒自己"不失读书人本色"；就像寒冬里的松柏，保持挺拔不是为了争春，而是守住自己的风骨。

2 问:"怀安之量"是不是盲目乐观?

答:不是。"怀安"是相信"困境会过去"的定力,而非"困境不存在"的幻想。徐枋明知时局艰难,仍坚持操守,是因为他清楚"守志"比"趋利"更重要;就像农人在寒冬里修农具,不是无视寒冷,而是相信春天一定会来。

3 问:别人都只看当下,我坚持看长远,会不会吃亏?

答:短期可能"吃亏",长远必有所得。徐枋一生清贫,却赢得了后世的敬重;那些只图眼前利益的人,往往如过眼云烟。真正的"利"不是当下的得失,而是品性沉淀出的长远格局——这格局才是人生最高的境界。

4 问:如何在困境中保持从容的"仪礼之容"?

答:从"小事"上坚守。哪怕穿旧衣,也要干净整洁;哪怕遇冷眼,也要言语温和;哪怕心里愁,也要举止沉稳。这些看似微小的坚持会像针线一样,慢慢缝补好困境中的尊严,让你在低谷时也能挺直腰杆。

智慧寄语

品性的力量从来不在顺境中彰显,而在困厄中闪光。一件破衣遮不住"仪礼"的底色,一脸愁容掩不了"怀安"的胸襟,就像磐石挡不住清泉的流向,乌云遮不住日月的光华。

不必因当下的窘迫而自轻,也不必因他人的轻视而

第四章
见善恶：品性决定长远格局

动摇。就像徐枋在陋巷中坚守的那样，真正能决定未来的是你在尘埃里能否保持体面，在风雨中能否守住初心。当你懂得"莫以当下论未来"，便会明白：品性是最好的"预言家"，它早已在当下的坚守里写下了未来的答案。

3.贫而有品的君子

天地回响

一块美玉即便落在陋巷瓦砾间,也自有温润坚贞的质感,不会因所处之地简陋就失了光华。人亦如此,清贫的君子恰如美玉,品性不是刻意做出来的姿态,而是困顿中自有的骨相——饿肚子时不抢人吃食,穿旧衣时不与人卑躬,遭白眼时不随人俯仰,像山间的青松扎根贫瘠却自挺腰杆,这便是"天然骨骼"的真意。

史海泛舟

茅屋里的气节

元朝末年的绍兴府(古称会稽)山阴,有个叫王冕的少年,他七岁丧父,母亲靠做针线活供他读书,没钱买纸笔,他就用树枝在地上写字。十岁时家里实在撑不下去了,母亲送他去放牛,他却总把牛赶到学堂附近,偷偷趴在窗外听先生讲课,一听就忘了放牛的事,为此不知挨过多少打骂。

后来王冕寄居在寺庙里,夜里借着佛前的长明灯读书作

第四章
见善恶：品性决定长远格局

画。寺里的和尚见他画的荷花栩栩如生，劝他："你这手艺能换钱，何必总啃冷饭团？"有个乡绅想请王冕画一幅《百梅图》，许他十两银子，条件是让王冕在画上只题乡绅的名字。王冕当即拒绝："我画画是自个儿喜欢，不是替人撑门面的。"乡绅骂他"穷酸固执"，他也不争辩，照旧每天砍柴、读书、画画。

有一次县里的小吏路过，见王冕画的梅枝苍劲有力，想强买去讨好上司，王冕把画卷起来塞进怀里："这画不卖，大人若喜欢，我改天另画一幅送您，但若要抢，除非撕碎了我。"小吏又羞又气，骂他"穷骨头硬"，他却只淡淡一笑："骨头不硬，怎撑得起这身衣裳？"

后来王冕的画名传遍天下，连朱元璋都想请他做官，他却躲进会稽山里，依旧穿粗布衣裳，画他的梅与荷。人们说起他，不说他画技多高，只说"那是个穷却不丢骨气的主儿"。

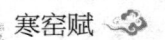

古籍拆解

品性之理：贫中的骨相

《寒窑赋》中"初贫君子，天然骨骼生成"一句，道出了品性。"初贫"是境遇的起点，"君子"是人格的底色，"天然骨骼"则是那份无需刻意雕琢、自内而外的操守——就像王冕，他不是不懂银钱的好处，而是觉得"讨好"比"挨饿"更难忍受；不是不知权势的厉害，而是觉得"屈从"比"得罪"更让他难堪。

这种"骨骼"藏在对底线的坚守里。孔子说"君子固穷"，不是赞美贫穷，而是说君子在穷途末路时，也能守住做人的根本，不像小人那样一遇困窘就乱了方寸。

"天然生成"四个字最要紧。它不是后天学来的客套，而是骨子里的分寸：知道什么该要，什么该舍；什么能忍，什么不能让。王冕不肯在画上题别人的名，不是他傻，是他心里有杆秤，清楚"画的署名"比"十两银子"重；他不谄媚小吏，不是他犟，是他觉得"脊梁挺直"比"日子宽裕"更重要。这份骨相让人在贫时不显寒酸，富时也不会轻狂，是品性最本真的样子。

自然启示

你在困窘时，有过多少"折骨"的苟且？

第四章
见善恶：品性决定长远格局

是不是曾为了借钱，对平时看不起的人赔笑脸，事后又暗自懊恼（丢了体面）？

是不是见别人穿名牌，就觉得自己的旧衣服拿不出手，聚会时总缩在角落（失了从容）？

是不是觉得"没钱就没资格讲原则"，明知是亏心事也去做，安慰自己"先顾嘴再说"（没了底线）？

……

当我们在贫困时把"骨气"当成"迂腐"，就像把美玉当成顽石丢弃，看似得了眼前的便宜，实则丢了最珍贵的东西。那些在穷日子里慢慢"弯"了的腰杆儿，不是被贫困压弯的，而是自己为了"省事""得利"，一点点弯下去的——就像山间的树，不是风把它吹弯的，是它自己想攀附高处，慢慢长歪了。

处世心法

守品之道：贫中的立身骨相

1. 守得住"本心"

像王冕那样，清楚自己"要什么""不要什么"。穷归穷，不该拿的东西不伸手，不该说的谄媚话不讲，不该做的违心事不沾。这份"守"，不是和谁较劲，而是让自己夜里睡得安稳。

2. 撑得起"体面"

在精神上要不卑不亢。见了富人不巴结,见了穷人不轻视;哪怕吃冷饭,也坐得端正;哪怕穿旧衣,也洗得干净。这份"体面"是对自己的尊重,也是对他人的礼貌,和钱财多少无关。

3. 耐得住"清苦"

把精力放在"长本事"上,而不是"怨穷"上。王冕放牛时听课、寺庙里学画,都是在清苦里给自己"加料"。穷日子里最忌"眼高手低",觉得"屈才"就懒得动弹,反倒不如认清楚"眼下能做什么",一点点攒劲。骨头是硬的,但日子要一点点过,这才是真正的清醒。

思辨问答

贫而有品的智慧藏在困窘时的每一次选择里,下面这些问答能帮你在困境中守住骨相。

1
问:都快饿死了还讲"品",不是傻吗?
答:不是傻,是守住"人"的底线。饿肚子是一时的难,丢了骨气是一辈子的亏。

2
问:"天然骨骼"是天生的吗?普通人学得来吗?
答:天生的是性情,学来的是坚守。普通人只要肯在小事上"较劲儿":借钱就写欠条按时还,受人恩惠就记着报答,被人轻视也不恶语相向,日子久了,自会有自己的

"骨相"。

3 问：别人都笑这种坚守是"装"，该怎么办？
答："装"是做给别人看，"守"是对得起自己。真东西不怕人笑，就像梅花在冬天开花，鸟兽或许觉得它傻，可它自有傲骨，谁也抢不走。

4 问：贫而有品，到底能换来什么？
答：换不来当下的温饱，却能换来长远的"立得住"。这世上，能让人真正"立得住"的，从来不是口袋里的钱，是骨子里的品——这才是最实在的"长远格局"。

智慧寄语

初贫的君子不是要和贫困硬碰硬，而是在接纳日子清苦的同时，守住那份"天然骨骼"：不让肚子的饿磨掉心里的光，不让衣服的旧折了脊梁的直，不让旁人的笑改变了自己的真。

贫而有品的人，日子或许清苦，品性却自带光华，能在岁月里慢慢沉淀出分量。毕竟决定一个人最终能走多远的，从来不是起点的贫富，而是骨子里的那份坚守——这坚守便是"天然骨骼"，是比金银更可靠的立身之本。

章末结语

　　本章揭示了一个朴素却深刻的道理：一时的荣辱如同水上浮萍，看似热闹，实则根基浅薄；而品性才是深埋地下的磐石，默默支撑着人生的高楼。贫者若能坚持操守，不媚俗、不妄取，那份风骨终将赢得尊重；富者若恃财傲物，行不义、失仁德，再厚的家底也会逐渐败落。莫以当下论英雄，衣衫褴褛者可能胸有丘壑，金玉满堂者或许腹内空空。品性如同种子，播下善因，终会收获善果；埋下恶根，迟早要品尝苦果。守住君子品格不是为了迎合他人，而是为自己的人生筑牢长远的根基。

第五章
见通透：安身立命的终极智慧

看透方能放下，通透才得自在。本章直指人生的根本，教人体悟怎样从容地接纳无常，怎样沉静地等待时机。富贵时知收敛，如繁花懂得藏起深根；贫贱时守尊严，似野草不失向上之心。通透不是消极认命，而是看清规律后的顺势而为；不是放弃挣扎，而是懂得在时机未到之时蓄力。悟透了这些，便在无常的世事中，寻到了安身立命之法。

1. 等待时机的智慧

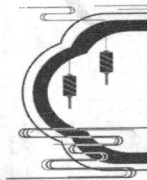

天地回响

你是否见过深山的磐石,历经风雨侵蚀而质地愈坚,只待匠人开凿方能成器?是否见过幽谷的兰草,于无人问津处默默生长,俟春风拂过便香溢四野?大自然从不会刻意彰显"等待"的深意,却在器物的天成、草木的绽放中,藏着"时机未至,蓄力为要"的哲思。

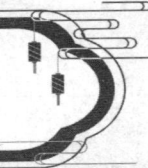

史海泛舟

司马懿的潜龙在渊

三国后期,曹魏朝堂暗流涌动。司马懿虽有经天纬地之才,却深知曹操"多疑"、曹丕"善权",始终以"藏锋"自处。曹操征召他时,他称病卧床数年,直到确认无性命之虞才应召入仕;曹丕在位时,他屡献奇策却不争功,甘愿居陈群、曹真之下。有人嘲笑他"畏缩怯懦",他却只道:"良弓藏于韔中,非无劲也,待其用耳。"

曹爽上台后,视司马懿为眼中钉,夺其兵权,令其赋闲

第五章
见通透：安身立命的终极智慧

在家。司马懿索性装病，卧床不起，连侍女送来汤药都手抖打翻，甚至故意让曹爽的密探看到自己"形销骨立"的模样。

他在病榻上看似昏聩，实则冷眼旁观时局：曹爽骄奢误国，朝臣怨声载道，正是人心向背的转折点。嘉平元年正月，曹爽陪同少帝曹芳祭扫高平陵，司马懿以雷霆之势控制洛阳城，史称"高平陵之变"。此时人们才惊觉，这个"病入膏肓"的老者早已掌控全局。他用数十年的隐忍证明：纵有经世之志，也要懂得"藏器于身，待时而动"，就像千里马驯良待主，非不能奔，是未遇骑手。

古籍拆解

待时之理：志与运的相契之道

《寒窑赋》中"马有千里之程，无骑不能自往；人有冲天之志，非运不能自通"两句道尽了等待时机的本质。千里马能日行千里，但若没有识马的伯乐、策马的骑手，终究只是旷野中的散骥；人胸怀凌云壮志，倘若缺乏时运的东风、施展的舞台，也难将抱负化为实绩。这不是否定马的脚力、

寒窑赋

人的才情，而是说世间成事如同齿轮咬合，既要有自身的"齿"——才华与坚韧，也要有时机的"槽"——时势与机遇，两者相契才能运转向前。

司马懿的"潜龙在渊"，不是没有"冲天之志"，而是在等那个能让他"驰骋千里"的时势；就像姜子牙垂钓渭水，不是甘心老于林泉，而是在等那个能让他"展经纶"的明主。反观历史上的失败者，不少人败在"不等"二字：项羽刚愎自用，鸿门宴上放走刘邦，不等天下安定便妄自称王，终致乌江自刎；杨修恃才放旷，在曹操面前屡屡炫智，不等时机成熟便干预立储，落得身首异处。他们的悲剧不在于无才无志，而在于不懂"时运未至，强为则损"的道理。

等待就像锻造精钢：有好铁（志向），还需有适度的火候（时运），经过反复锻打（沉淀），才能铸成利刃。司马懿用数十年等待，让"千里之程"与"伯乐之骑"精准对接；而那些急于求成者如同未锻透的铁器，看似坚硬，实则易折。这便是《寒窑赋》的启示：等待不是对命运的妥协，而是让志向与时机同频共振的方式。

自然启示

你的行止中藏着多少"不等"的浮躁？

是不是刚掌握些许技能，就急于跳槽求高位，结果因根基浅薄在新岗位难以立足（才未丰却急于展翅）？

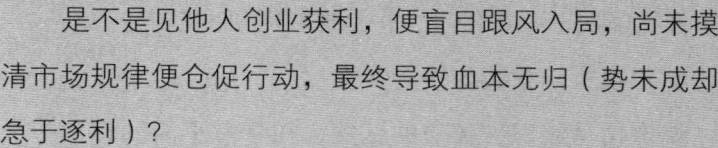

是不是见他人创业获利,便盲目跟风入局,尚未摸清市场规律便仓促行动,最终导致血本无归(势未成却急于逐利)?

是不是在关系未洽之时,就强行推进合作,因操之过急反而错失机缘(情未到却急于求成)?

……

当我们被"不能等"的焦虑裹挟,就像未成熟的果实强行采摘,看似抢占了先机,实则却失了醇厚的滋味。那些看似"慢半拍"的人往往不是迟钝,而是懂得让根系在土壤里多扎些时日,待风雨来时,方能立得更稳。

处世心法

待时之道:在沉潜中与机遇相拥

1. 藏锋:收敛锋芒以避祸

像司马懿装病避祸那样,在时机未到时懂得收敛锋芒。不是怯懦,而是为了避免不必要的消耗,就像良弓非到用时不轻易拉开,保持弹性才能在关键时刻发力。

2. 砺心:在等待中磨就定力

如同司马懿在赋闲时洞察时局,把等待的日子变成修炼心性的契机。不抱怨、不焦虑,在静观中沉淀,让内心在纷

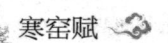

乱中保持清明——这份定力，是抓住时机的前提。

3. 识机：于细微处捕捉转机

就像司马懿识破曹爽的试探，在看似平淡的日常中敏锐捕捉时势的变化。政策的微调、人心的向背、对手的疏漏，都可能是命运发出的信号，唯有保持警醒，才能在时机来临时一眼识得。

思辨问答

等待时机的智慧需要在急缓之间找到平衡，下面这些问答能帮你在沉潜时校准方向。

1
问：等待与懦弱的区别何在？
答：等待是"主动蓄势"，懦弱是"被动退缩"。司马懿装病是为了麻痹对手、等待战机，这是等待；若他因惧怕曹爽而彻底放弃抱负，便是懦弱。关键看是否在"等"中藏着明确的目标与行动。

2
问：如何判断时机是否成熟？
答：看"势"与"能"是否契合。"势"是外部时运，如曹爽失尽人心便是"势"；"能"是自身准备，如司马懿暗中联络旧部便是"能"。两者兼具，便是时机；缺一，则需再等。

3
问：若终其一生未遇时机，等待还有意义吗？
答：有。意义不在于"是否成事"，而在于"是否守住本心"。司马懿若未遇"高平陵之变"，他的隐忍与智慧仍是

第五章
见通透：安身立命的终极智慧

安身立命的根基；就像深山磐石，纵然未被开凿，其坚硬质地本身便具有价值。

4 问：年轻人需要"慢等"吗？会不会错失机遇？

答：需要"清醒地等"，而非"盲目地快"。年轻人如早春新苗，扎根比拔节更重要。司马懿青年时博览群书、历练才干，为后来的"等"积蓄资本。真正的机遇从不会辜负有准备的等待。

智慧寄语

等待时机的智慧终究是要看自己的耐心，能否让自己的抱负与命运的节奏达成共振。不必焦虑于"时运为何迟迟不至"，也不必懊恼于"他人早已策马奔腾"。真正的通透是明白"马有千里之程，需待识途之骑；人有冲天之志，需候应时之风"。当你在等待中磨利了器具、稳住了心神、看清了方向，即便此刻仍在幽谷，也已为来日的登高铺好了石阶。

成年人的成熟不是疾行不歇，而是懂得在该停驻时沉淀，在该蓄力时蛰伏。待那阵东风掠过，自能乘势而起 —— 这不是命运的偏爱，而是你早已在等待中，为自己备好了迎风启航的翅膀。

2.命运流转的觉悟

天地回响

　　山间的溪流，时而平缓流淌于幽谷，时而奔涌跌落成飞瀑；天际的云霞，晨起时绚烂如锦绣，日暮后消散若烟尘。大自然从不会直白地阐释"流转"的深意，却在水的奔腾、云的聚散中，暗喻命运的无常与循环。就像老人们常说的"三十年河东，三十年河西"，这不是简单的时间计数，而是历经世事打磨后才懂的真理——命运不是一条直线，而是在时运的潮汐中起伏，在得失的轮回中显露出它的轨迹。

史海泛舟

吕蒙正的荣枯之悟

　　北宋初年，吕蒙正三任宰相，权倾朝野。一日，他在府中设宴，见满堂宾客非富即贵，不禁想起少年时栖身寒窑的日子：那时他靠乞讨为生，寒冬里穿着单衣，曾被富户的恶犬追咬，连寺庙的僧众都嫌弃他蹭食。席间有人奉承："相爷如今富贵至极,全凭您的才能与智谋。"吕蒙正却挥挥手,指着窗外的落叶道:"你看那树叶,春生夏茂,秋落冬藏,难道是叶子自己能决定何时繁茂、何时凋零?"

吕蒙正说起自己初入仕途时的经历:曾因得罪权贵被贬为地方小官,那时众人皆叹他仕途无望;可几年后朝廷换相,新宰相赏识他的才干,又将他召回中枢。"我被贬时,并非无才;我升迁时,也未必突然变得高明。"吕蒙正举杯长叹,"人道我贵,不过是恰逢其会罢了。时运如东风,能吹得船帆鼓满,也能让樯倾楫摧,非人力能强争。"

晚年吕蒙正退居洛阳,将自己的经历写成《寒窑赋》,其中"人道我贵,非我之能也,此乃时也、运也、命也"一句,道尽了对命运流转的通透。他常对子孙说:"得意时别夸自己能耐大,失意时莫怨自己运气差,时运流转如月圆月缺,看得透,才能活得稳。"

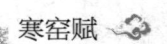

流转之理：时运与人力的交响

《寒窑赋》中"人道我贵，非我之能也，此乃时也、运也、命也"这句，不是否定人的努力，而是点透了命运的本质——个人的"能"与外在的"时运"，从来都是相辅相成的双轮。就像农夫种粮，需有好种子（自身能力），也需有好气候（时运），缺了任何一样都难有收获。

吕蒙正少年有才，却困于寒窑，是"有能无时"；而有些纨绔子弟，无才无德却能凭祖上荫庇身居高位，是"有时无能"。可见时运如浪潮，既能托举平凡，也能淹没锋芒。但这并非说人只能被动接受，就像舵手无法改变风向，却能调整船舵——吕蒙正在寒窑时未曾放弃读书，被贬时仍坚持体察民情，这便是在"时运未到"时积蓄力量，待浪潮来时方能扬帆。

古人早就懂得时运缺一不可的道理。范蠡助勾践灭吴后，深知"飞鸟尽，良弓藏"的时运之变，果断弃官从商，终成陶朱公；而文种恋栈权位，最终落得被赐死的结局。两人同有灭吴之功，却因对时运流转的觉悟不同，结局天差地别。这正说明：看清时运的流转，不是消极认命，而是懂得在命运的潮汐中找到自己的位置——涨潮时顺势而为，落潮时敛翼待时。

第五章
见通透：安身立命的终极智慧

自然启示

你的执念里藏着多少"逆流转"的固执？

是不是在事业巅峰时，觉得全凭自己本事，拒绝居安思危，最终被时代浪潮抛弃（无视时运之退）？

是不是在人生低谷时，认定是自己无能，整日自怨自艾，看不见转机（忽视时运之进）？

是不是见他人一时得意，便嫉妒"他凭什么运气好"，却忘了人家在低谷时的蛰伏（只见时运之表）？

……

当我们执着于"我能"或"我不能"，就像船锚卡在礁石上，既无法随涨潮远航，也不能随落潮避险。那些与命运较劲的痛苦，往往不是因为时运不公，而是因为不懂"流转"的真相——没有永远的顺境，也没有永恒的困厄，唯有接纳这种变化，才能在起伏中找到平衡。

处世心法

通透之道：与命运流转共舞

1. 知"势"：看清潮起潮落

就像渔民观察洋流，在顺境时多想想"这波时运能持续多久"，在逆境时多问问"下一个转机可能藏在哪里"。不把

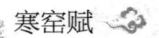

一时的得失归为永恒,才能在变化来临时不慌不乱。

2. 尽"力":尽分内之责

时运再好,也需脚踏实地。吕蒙正在寒窑苦读,是为"时来"做准备;范蠡在相位时勤勉,是为"运去"留后路。努力不是和时运较劲,而是让自己在浪潮来临时,有足够的力量驾驭。

3. 安"心":接纳阴晴圆缺

得意时不贪功,明白"时运助我";失意时不气馁,知道"时运未到"。就像月有圆缺,接受不完美,才能在每一种境遇里都活得从容。

思辨问答

命运流转的智慧需要在得失中慢慢参透,下面这些问答能帮你在起伏中站稳脚跟。

1
问:承认时运的作用,会不会让人变得消极?
答:不会。真正的通透是"尽人事,听天命"——该努力时不偷懒,该放手时不纠缠。就像种地,既要勤恳耕耘,也得接受天气无常,这种接纳不是消极,而是减少内耗的智慧。

2
问:怎么区分"顺势而为"和"放弃努力"?
答:顺势是"方向对了使劲干",放弃是"还没迈步就躺平"。吕蒙正在寒窑读书是顺势(为未来蓄力),若他自暴自弃才是放弃。关键看是否在"当下能做的"范围内,尽了最

第五章
见通透：安身立命的终极智慧

大努力。

3
问：时运流转，那人生还有意义吗？
答：有。意义就藏在"流转"之中：顺境时的珍惜，逆境时的坚守，以及在起伏中看清自己的心。就像河流，正因有了曲折，才能滋养更多土地；人生正因有了起伏，才能沉淀出通透的智慧。

4
问：如何培养对时运流转的敏感度？
答：多观察身边的人和事，看那些成功与失败背后的时代因素；多读历史，从王朝更迭、人物浮沉中找规律；最重要的是复盘自己的经历——得意时想想"凭什么"，失意时想想"缺什么"，慢慢就能找到流转的节奏。

智慧寄语

命运流转，从来不是要捉弄谁，而是要教会我们"通透"二字。就像吕蒙正从寒窑到相府，再从相府归田园，他懂得的不仅是"时运弄人"，更是"时运养人"——顺境达成成就，逆境滋养心性。

不必羡慕他人的"好运"，也不必抱怨自己的"时乖"。涨潮时扬帆，落潮时修船，才是与命运相处的最好方式。当你看清"流转"是常态，接纳"无常"是真相，就会明白：安身立命的终极智慧，不是强求时运偏爱，而是在每一段流转中，都能活出自己的节奏与从容。

3. 富贵时的节制

天地回响

> 案头的盆栽，若任其枝叶疯长，不出数月便会虬结杂乱，失了清姿；唯有适时修剪，方能令其在方寸陶盆中保持形态。人生的富贵何尝不是如此？世人多以为"尽用"才是对富贵的善待，却不知无度的挥霍恰如任盆栽疯长——看似酣畅，实则在加速其衰败。就像老匠人常说"好钢要用在刃上"，不是吝惜，而是懂得物尽其用，这份清醒正是让福泽绵长的根基。

史海泛舟

相府里的素衣

春秋时期的鲁国，正卿季文子身居高位，执掌国政三十余年，家中却连一件绸缎衣裳都没有。他的妾室不穿华丽的服饰，马匹不喂精细的粮食，有人嘲笑他："身为上卿，这般寒酸，不怕别国笑话鲁国小气吗？"

季文子听闻后，淡淡回应："我见过百姓中有不少人吃粗粮、穿破衣,身为大夫,怎能独自追求奢华?"有一回,鲁襄公赏赐他千钟粮食,他推辞再三,实在推辞不掉,便将粮食分给了同族的贫寒子弟。家臣不解:"大人功劳卓著,受之无愧,何必如此?"他指着府中菜园:"你看这菜畦,若一次施肥太多,菜苗反倒会枯败。富贵也是如此,过了度,就成了祸害。"

当时各国卿大夫大多车马华丽、府邸恢弘,唯独季文子始终保持朴素。他去世后,人们打开他的棺木,发现随葬的只有几件粗布衣服和一把普通的佩剑。而那些曾嘲笑他的人,不少因骄奢而败落,唯有季文子的家族,因他节俭的家风,在鲁国安稳传承数代。

古籍拆解

节制之理:富贵的保鲜剂

《寒窑赋》中"人生在世,富贵不可尽用"一句道尽了富贵长久的密钥。"不可尽用"不是要做苦行僧,而是说富贵如手中沙,握得太紧反而流失更快;如杯中酒,一饮而尽便

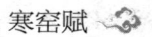

难品滋味。它提醒世人：富贵是资源，不是用来炫耀的资本；是底气，不是用来放纵的理由。

"不可尽用"里藏着三层智慧：一是"留余"，就像季文子将赏赐分予族人，懂得为自己留余地，也与他人结善缘；二是"知止"，明白欲望没有尽头，若一味追逐"尽用"，只会被欲望吞噬，就像商纣王造酒池肉林，终致国破家亡；三是"守常"，不因富贵而改变本真，季文子身居高位仍穿素衣，正是守住了"朴素为常"的本心。

很多古人都悟得了这份通透。范蠡助勾践灭吴后，弃官从商成"陶朱公"，三散家财，正是懂得"富贵不可尽用"的循环之道；林则徐官至总督，却在家训中强调"子孙若如我，留钱做什么？贤而多财，则损其志"，深知过度的富贵会消磨心性。这句话从不是对富贵的否定，而是教人像园丁修剪花枝那样，适度节制才能让富贵之树常青。

自然启示

你在富贵时，留下多少"尽用"的隐患？

是不是有了钱就追求"顶级配置"，换车换房永不满足，让债务悄悄缠身（成了欲望的奴隶）？

是不是总想着"趁富贵享尽荣华"，熬夜应酬、透支身体，忘了"健康是1，其他是0"（透支了生命根基）？

> 是不是为了彰显地位，对人颐指气使、铺张浪费，把人脉变成了"一次性资源"（消耗了无形的财富）？
>
> ……
>
> 当我们在富贵中放纵"尽用"的欲望，就像江河冲垮堤岸，起初或许有"畅快"的错觉，最终却会走向溃决。那些"富不过三代"的家族，往往不是败于外敌，而是败于"富贵尽用"的骄奢——就像炉火燃尽了柴薪，只剩下冰冷的灰烬。

处世心法

守富之道：让富贵细水长流

1. 消费"量入为出，留有余地"

像季文子那样，不被"顶级""限量"绑架。富贵时可以改善生活，但不必追求极致奢华；可以适当享乐，但要为未来留储备。就像园丁给花浇水，浇透即可，不必淹没根部——这份"余裕"，是富贵的安全垫。

2. 欲望"知止不殆，收住贪心"

明白"想要"和"需要"的区别。别人有私人飞机，不代表你也必须拥有；他人戴名表，不意味着你不能戴普通手表。就像季文子不羡绸缎，守住"衣能蔽体"的本心，这份"知止"，是欲望的刹车阀。

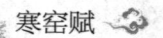

3. 待人"富而好礼，保持谦和"

富贵时更要放低姿态。对下属不颐指气使，对亲友不炫耀攀比，对弱小不吝啬帮扶。范蠡散财济贫，反而赢得更多尊重与机遇，这份"谦和"使得他三散家财之后，又三聚家财，富甲一方。

思辨问答

富贵节制的智慧需要在繁华中沉淀，下面这些问答能帮你在富足中保持清醒。

1
问：节制会不会显得"不够体面"？
答：真正的体面从来不靠"尽用富贵"支撑。季文子穿素衣，没人觉得他寒酸，反而敬他清廉；那些靠挥霍撑场面的人，看似风光，实则暴露了内心的空虚。体面是骨子里的从容，不是表面的堆砌——就像钻石无需镶满黄金，本身的光芒已足够。

2
问：辛苦得来的富贵，不享受难道要亏待自己？
答：享受可以，但"享受"不等于"尽用"。季文子也吃穿照常，只是不追求奢华；范蠡也经商获利，只是不独占其财。就像品茶，小口慢饮才能尝出滋味，一饮而尽只剩解渴——适度的享受才是对富贵的珍惜。

3
问：别人都在"尽用富贵"，我节制会不会吃亏？
答：短期看似"吃亏"，长远却是赢家。那些挥霍无度的人，就像提前支取了人生的存款，总有透支的一天；懂得节制的人，却在慢慢增值。季文子的家族安稳传承，而同时代的奢华者多已湮没，这便是最好的证明——富贵的"亏"与"赢"，从来不在一时的风光。

4 问：怎么把握"节制"的度？

答：看是否"心安"。花出去的钱不心疼，享受到的乐不心虚，对他人的态度不傲慢，这便是合适的度。季文子分粮给族人，心里是踏实的；穿素衣见外宾，心里是坦然的。"心安"二字是节制最好的标尺。

智慧寄语

通透的智慧不在对富贵的追逐里，而在对欲望的驾驭中。那些能在繁华中守住本真的人从不会"尽用"，而是像园丁侍弄珍木，既知施肥的必要，也懂修剪的深意。

他们明白，一件素衣的坦然胜过满身绸缎的惶惑，三分余地的从容强过十足占有的焦虑。这份在富贵中修得的节制，不是委屈，而是通透——知道什么该留，什么该舍，让富足滋养生命，而非腐蚀生活。这便是历经世事后，悟得的安身立命之道。

4.贫贱时的自尊

天地回响

石在深谷,不因其位卑而失其坚;草生峭壁,不因其土瘠而改其青。世间万物的品性从不会被境遇的优劣所改写。所谓"贫贱不可自欺",不是要与境遇硬抗,而是在认清生活的贫瘠后,依然能守住内心的标尺,不因为他人的轻视就看轻自己,不因为日子的清苦就丢弃尊严。

史海泛舟

陋巷中的风骨

明末清初的昆山,学者顾炎武在明亡后,家道中落,一度只能寄居在友人的旧宅里。那间屋子漏雨透风,冬天冷得像冰窖,他身上的棉袍打了好几块补丁,常常一天只吃两顿稀粥。有个降清的前明官员听说他学问好,派人送来绸缎和银两,想请他做幕僚,顾炎武却原封不动地退回了。

第五章
见通透：安身立命的终极智慧

那时他正着手撰写《日知录》，买不起太多纸笔，就把别人丢弃的废纸收集起来，反面书写；晚上没有灯油，就借着月光读书；冻得实在受不了，就起身绕着屋子快走几圈取暖。有人见他这般清苦，劝他："何不暂时委屈一下，等日子好过了再做打算？"他指着窗外的翠竹说："你看这竹子，就算长在石缝里，也从来是直着往上长。人若是为了几顿饭就弯了腰，那和地上的野草有什么分别？"

后来他游历北方，考察山川地理，即便沿途靠典当衣物换取盘缠，也始终保持着学者的尊严——见达官显贵不卑不亢，遇贩夫走卒也平礼相待。有人嘲笑他"穷酸还摆架子"，他却淡然一笑："架子是做给别人看的，骨气是刻在自己心里的。"正是这份"贫贱不自欺"的坚守，让他在困顿中完成了《日知录》等传世之作，赢得了后世敬仰。

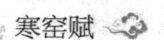

古籍拆解

自尊之理：困厄中的本心

《寒窑赋》中"贫贱不可自欺"六字，道尽了困厄中安身立命的根基。"贫贱"是命运的暂时安排，如同天气有晴有雨；"不可自欺"是心性的坚守，如同草木有根有魂。它不是说要在贫贱中故作清高，而是指不因为境遇的窘迫就模糊了是非的界限，不因为生活的重压就放弃了做人的底线——就像顾炎武，拒绝的不是物质的帮助，而是可能动摇本心的"依附"；坚守的不是表面的体面，而是内心"不降其志"的尊严。

古人很早就懂这份"不自欺"的力量。东汉的王充，家贫无书，就到书店里站着读书，日复一日，终成《论衡》，他从未因"借书读"而自惭，因为他清楚"求知"的价值远胜过"体面"的虚荣。

"不可自欺"的可贵，就在于能在"他人轻贱"前先守住"自我尊重"。这不是要让人在贫贱中硬撑，而是提醒世人：自尊是困厄中的"定海神针"，丢了它，人便成了随波逐流的浮萍；守住它，再贫困的环境也能长出挺拔的脊梁。

自然启示

你在贫贱时，沾染了多少"自轻"的尘埃？

第五章
见通透：安身立命的终极智慧

是不是曾为了一点小恩小惠，对人点头哈腰，心里暗骂自己却又安慰自己"人在屋檐下"（丢了骨气）？

是不是觉得"穷就该低调"，遇到不公也不敢声张，把"忍气吞声"当成熟（没了棱角）？

是不是见别人穿戴光鲜，就下意识地遮掩自己的旧物，觉得"寒酸丢人"（轻贱了自己）？

……

当我们在贫贱中选择"自欺"，就像石头在深谷中甘愿被青苔裹覆，渐渐忘了自己本有的坚硬；就像草生峭壁却主动蜷曲，慢慢失了向上生长的韧劲。那些在困厄中越活越卑微的人，往往不是被境遇逼垮的，而是在一次次"自轻自贱"中，主动弯下了腰——自己先泄了力，再想站直就难了。

处世心法

守尊之道：贫贱中的立身之骨

1. 明"值"：认清自我价值

像顾炎武那样，知道"我的价值不在钱包厚薄，而在操守清浊"。哪怕做着最普通的活计，也不觉得"低人一等"；就算穿着打补丁的衣服，也坦然与人交往。"认清自己"，是"不自欺"的起点。

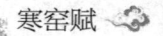

2. 守"界":划清底线原则

清楚什么能做,什么不能做。穷可以,但不能偷;难可以,但不能骗;求可以,但不能跪。就像颜回"不义而富且贵,于我如浮云",守住这条线,贫贱也能活得有底气。

3. 蓄"力":在困顿中扎根

顾炎武在陋巷中苦读,王充在书店里求知,都是在为自己"蓄力"。知道"今日的贫贱是暂时的,只要肯扎根,总有向上的可能",这份"不放弃",是自尊最好的支撑。

思辨问答

贫贱自尊的智慧,需要在困厄中反复打磨。下面这些问答,能帮你在低谷中站得更直。

1 问:"贫贱不可自欺",是不是太"死要面子"?
答:不是。"面子"是做给别人看的虚荣,"自尊"是刻在心里的底线。真正的自尊,从不在乎别人怎么看,只在乎自己过得去心里那关。

2 问:连饭都吃不饱了,还谈什么自尊?
答:正因为吃不饱,才更要守住自尊。自尊是精神的"口粮",没了它,人就成了只求填饱肚子的行尸走肉。肚子可以饿,心不能饿。

3 问:别人都觉得我"穷酸可笑",还要坚持吗?
答:要。别人的看法是别人的,你的坚守是你的。就像石在深谷，鸟兽或许觉得它"无用"，它却自有其坚硬；草生峭壁，路人或许觉得它"卑微"，它却自有其青葱。时间会证明，自尊从不是"可笑"的，而是可敬的。

4 问：怎样才能做到"贫贱不可自欺"？

答：在"本心"上扎根。清楚自己要走的路，不因处境窘迫就投机取巧；明白自己该守的界，不因生活困顿就逾越原则。哪怕做着最普通的事，也尽心尽力；就算面对诱惑，也眼神清亮。这便是"不自欺"的底气——穷不失志，困不失心。

智慧寄语

　　通透的智慧，就藏在"贫贱不可自欺"的那份清醒里。困厄从来不是否定一个人的理由。

　　真正能安身立命的人，在贫贱中不会对着镜子里的自己皱眉，只会因为达到心里的标准挺胸。他们像顾炎武那样，把困厄当成试金石，越磨越显其坚；像颜回那样，把清苦当成修行，越炼越明其志。这份在贫贱中修得的自尊，不是固执，而是通透——知道什么该守，什么能放，让每一步都走得踏实，让每一天都活得心安。这，便是一个人在世间最可靠的立足之本。

章末结语

　　本章道出了安身立命的终极答案：通透。接纳无常不是妥协，而是看清世事本相后的从容——明白月圆则缺、水满则溢，便不会因一时得失辗转难眠。等待时机不是消极，而是懂得蓄力的智慧——如同草木在寒冬积蓄养分，待春风一至便破土而出。富贵时的节制，是懂得给人生留有余地，不把路走绝；贫贱时的自尊，是明白人格无分高低，不向困境低头。通透之人，顺境时不飘，逆境时不垮，既能享受繁华，也能安于平淡。他们在无常中找到常道，在变化中把握不变，最终在纷纷扰扰的世间，让内心安定，活得清醒而自在。